感谢南昌汉代海昏侯国遗址管理局
对本书出版提供支持

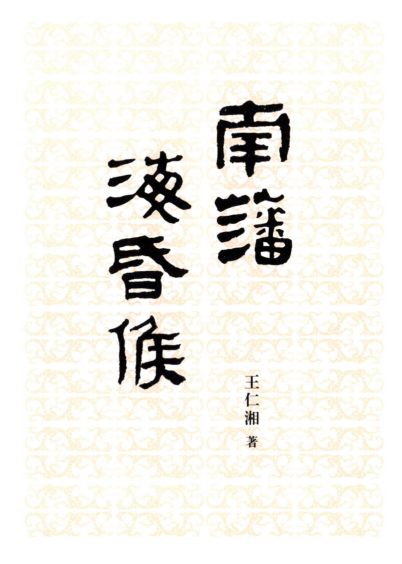

南蕃凌昏條

王仁湘 著

生活·讀書·新知 三联书店

Copyright © 2022 by SDX Joint Publishing Company.
All Rights Reserved.

本作品版权由生活・读书・新知三联书店所有。
未经许可，不得翻印。

图书在版编目（CIP）数据

南藩海昏侯 / 王仁湘著. —北京：生活・读书・新知三联书店，2022.5
ISBN 978 – 7 – 108 – 07270 – 2

Ⅰ.①南⋯　Ⅱ.①王⋯　Ⅲ.①汉墓 – 出土文物 – 研究 – 南昌 – 西汉时代　Ⅳ.①K878.84

中国版本图书馆 CIP 数据核字（2021）第 193519 号

责任编辑	张　龙
装帧设计	薛　宇
责任校对	曹忠苓
责任印制	卢　岳
出版发行	生活・讀書・新知 三联书店 （北京市东城区美术馆东街 22 号　100010）
网　　址	www.sdxjpc.com
经　　销	新华书店
制　　作	北京金舵手世纪图文设计有限公司
印　　刷	天津图文方嘉印刷有限公司
版　　次	2022 年 5 月北京第 1 版 2022 年 5 月北京第 1 次印刷
开　　本	720 毫米 × 1020 毫米　1/16　印张 14
字　　数	130 千字　图 136 幅
印　　数	0,001 – 5,000 册
定　　价	69.00 元

（印装查询：01064002715；邮购查询：01084010542）

目 录

序（王子今）

壹 —— 名 迹 / 1

南藩与南昌 / 2
一番二问 / 9
"南楚"海昏侯问疑 / 12
又见"南藩" / 14
哪来的"晦昏" / 16
看汉晋海昏人写海昏 / 21
大漠里的昌邑国子民 / 22

贰 —— 幻 世 / 25

臣服的废帝，口服心服吗 / 26
那个曾经的"秋请"梦 / 28
命悬"医工五禁汤" / 31

叁 —— 自 鉴 / 35

神交孔子 / 36

圣贤作则 / 44

用行舍藏 / 49

谨言慎行，宽容自省 / 53

"其生也荣，其死也哀" / 56

以言取人和以貌取人 / 59

言而有信 / 60

"君子好勇无义则乱" / 62

肆 —— 人　伦 / 65

"妾待"是谁？ / 66

长子充国之梦 / 69

小女持罃 / 74

大刘家的印怎么读 / 78

刘家怎么有个李家杯 / 80

缘何满目旧家什 / 82

延年之殇 / 84

命交"两敞" / 90

伍 —— 葬　金 / 95

关于黄金的一个猜想 / 96

随葬黄金值几何 / 100

煮酒论酎金 / 103

酎金的来路 / 106

陆 —— 铸 铜 / 111

籍田铜鼎非九鼎之鼎 / 112

卧镇与坐镇 / 116

"定"为何物 / 123

柒 —— 琢 玉 / 125

鸮啸方寸间 / 126

来自战国的断袖玉舞女 / 132

一枚老旧的玉带钩 / 135

捌 —— 画 漆 / 145

打探刘家私府 / 146

有价"工牢" / 148

货真价实 / 150

绪银漆器 / 151

画盾涂丹 / 154

锦瑟多少弦 / 156

屏风之惑 / 160

刘贺《衣镜铭》里说的啥 / 166

玖 —— 滋　味 / 171

其实它不是火锅 / 172
青铜染炉 / 172
汉造肉酱 / 176
蒸馏器的用处 / 178
古今一锅酒 / 180
酒樽酒勺解惑 / 181
天大食官 / 189

拾 —— 问　神 / 191

四神双子玉带钩 / 192
四神之外原来还有神 / 195
当卢见新神 / 199
三神与四神玉韘佩 / 201
且说《衣镜铭》里那只鹤 / 209

后　记 / 213

序

王子今

南昌海昏侯墓的发掘，不仅成为秦汉考古的工作重心，也引起了秦汉历史文化研究者的普遍关注。由于墓主刘贺曾经深层次介入上层政争，有短暂践帝位的经历，且墓中出土随葬品数量丰厚，品质华美，也在社会较宽广幅面形成了比较热烈的影响。局部展示考古收获的"惊世大发现——南昌汉代海昏侯国考古成果展"成为南昌市乃至江西省最受欢迎、最具影响力的一个展览。2017年全年接待观众80万人，官方微信公众号总用户数78536人，公号关注人数达到开展前的150倍。线下每天4场定时讲解，不定期接待各类团体，提供讲解服务3200余场。推出展览导读10篇，讲座4次，文章单次阅读10436次，留言最多2300余条。首都博物馆举办"五色炫曜——南昌汉代海昏侯国考古成果展"（2016年3月2日至6月2日），观众达50万人左右。据期刊网统计，以"海昏侯"为主题的报刊文章，截至2017年12月，共计424篇。2017年答辩的以"海昏侯"为主题的硕士学位论文和博士学位论文共有9篇。据中国十大学术热点研究课题组编《中国学术热点趋势报告（2017—2018）》（上海人民出版社，2018年12月版）公布的"2017年度中国十大学术热点"，"海昏侯墓考古发掘与历史文化研究"名列"热点七"。

新的发现可以激发新的思考，有益于获取新的认识，从而实现学术的新推进。海昏侯墓的发现可以说为我们考察当时历史开启了一扇新的视窗。若干文化疑点，曾经引起热议。一些历史之谜，引发了持续的探索。除了从一个特殊视角认识西汉历史文化而外，考古收获也有益于深化海昏侯封国南昌的区域文化研究。海昏侯墓的保护与发掘实践，也可以为文物保护与考古学的进步提供可贵的经验和多方面的积极启示。

海昏侯墓发掘与研究促成诸多新的学术成果问世。王仁湘教授著《南藩海昏侯》是新见最为丰富，考论堪称确当，风格亦尤富意趣的一种。

《南藩海昏侯》分十部分，列题"名迹""幻世""自鉴""人伦""葬金""铸铜""琢玉""画漆""滋味""问神"，共56个专题，分别从不同方面发表了对海昏侯刘贺、海昏侯墓、海昏侯墓考古、海昏侯墓发掘收获的研究成果。"名迹"部分关于"南藩"的考论，是王仁湘教授独异的发现，从而澄清了"南海""南楚"等误说。"南藩"符合战国秦汉语言习惯。《史记》卷四三《赵世家》、卷一三〇《太史公自序》已可见"南藩"一词的使用。"藩"字的正确释读，解决了诸多思虑的疑点。其他论说诸如"秋请""医工五禁汤""妾待""定""工牢""屏风""衣镜铭""染炉"等节，都以作者的新识，回答了人们共同关心的问题。许多判断，可以给我们重要的启示。除了对于物质文化遗存的解说展示了作者考古知识基础与文物鉴赏经验方面的优长而外，经过有关政治史、制度史、宗族史、信仰史方面的探求，作者所发表的意见也显现出非常深刻的真知。例如"神交孔子""圣贤作则""延年之殇""四神之外原来还有神""且说《衣镜铭》里那只鹤"等节，又涉及意识史、观念史，读者可以品别出其中思想史考察新发明的意味。

王仁湘教授的学术领域相当宽广。他在考古学术水准提升的同时，尤其重视考古的普及即所谓大众考古、公众考古，乐于将自己的研究成果推向大众视野。他的论著文风清新，平易近人。这部著作中的许多内容已经通过新媒体的传播，引起反响，受到欢迎。然而编辑成书，当然又有新的学术升华。内容有所增益，文字有所加工，认识有所提炼。

作为秦汉史研究者，我关注过海昏侯墓的发掘进展，曾先后著文《海昏侯墓发掘的意义》《"海昏"名义考》《海昏：刘贺的归宿》《海昏侯故事与豫章接纳的中原移民》《"海昏"名义续考》《"海昏"名义补议》《海昏侯墓发掘与研究的学术意义及社会影响》等。从《"海昏"名义考》及"续考""补议"等篇名可知，资料可以继续充实，发现可以逐步增益，认识可以渐次深化，判断也可以有所更新。读王仁湘教授《南藩海昏侯》，收益甚多。对于这一学术主题的思考，今后可以站立在新的台基上。

谨此诚挚感谢王仁湘教授的学术贡献，感谢三联书店及时推出这一成果面世。同时我也愿意向读者热情推荐这部极有学术价值的专著。

相信《南藩海昏侯》的面世，将会显著推进对海昏侯刘贺、海昏侯墓及相关学术问题的研究。

2018 年 12 月 29 日
于北京大有北里

壹

名迹

南藩与南昌

南海国与海昏国

海昏侯与海昏国，因为刘贺墓葬的发掘，已经有了些沸沸扬扬。不过，最近出现了一个新鲜词，又让"海昏"两字增加了一种迷离的色彩。

媒体报道称，在墓中出土的黄金中，有"南海海昏侯臣贺元康三年酎金一斤"字样的墨书金饼，还有一枚木牍上也有"南海海昏侯臣贺……"字样。南海海昏侯！海昏侯如何归了南海呢？

那个海昏国，近处大江南岸，距南海很是遥远，如何能称作南海的海昏侯？当时应当有个南海郡，也只是位处今广州附近，不该与海昏国有什么瓜葛。

我们知道，其实在海昏国之先，曾经有一个南海国，它的范围跨到了今江西境内，莫非是它，海昏侯为何要与这个历史疏于记载的边国连称呢？

其实，那个南海国，已经消逝在历史中。前些年，有关方面还出了个奇招，悬赏寻找南海国，福建省龙岩市文管会正式向外征集"南海国"古遗址的线索，提供"南海国"王城遗址线索并经考古发掘确认，将给予提供线索人3万元奖励。

西汉初年，在今闽赣交界处曾设南海国，据《汉书·高帝纪》记载：十二年（前195）三月，"诏曰：南武侯织亦粤之世也，立以为南海王"。说的是那个叫织的越王勾践后裔，因功受封南武侯，又晋封为南海王。《史记·淮南厉王传》和《汉书·淮南王传》也都记有南海王织的故事。《汉书·严助传》中

图2 刘贺墓发掘现场

提到淮南王刘安上书称:"前时南海王反,陛下先臣(淮南王刘长)使将军间忌将兵击之,以其军降,处之上淦。"南海王立国不久即反叛汉廷,请降后被迁徙安置到上淦(即今江西省樟树市一带)。至上淦后"复反",再次受到镇压。

虽然南海国封地已不可确考,可是被镇压后的活动区域却是清楚的,到了上淦。这样一来,南海王离海昏侯就很近了,甚至可以说是如同邻居一般,或者相互杂处也未可知。有了这南海王为近邻,海昏侯将南海与海昏连称,虽是比较牵强,但似乎也有了些因缘。

再说回来,即使没有南海国这样的由头,海昏侯身处南国,言说自己是南海人,也在情理之中。春秋之时的楚王也曾自称南海人,事见《左传·僖公四年》:"四年春,齐侯以诸侯之师侵蔡,蔡溃,遂伐楚。楚子使与师言曰:'君处北海,寡人处南海,唯是风马牛不相及也。不虞君之涉吾地也,何故?'"伐楚

图3　刘贺墓随葬品清理现场

的齐侯就是齐桓公，带兵的似乎就是管仲，发问者自称居南海的是楚成王。

居于大江北岸的楚成王可以自称南海人，在江南的刘贺也说自己是南海人，是不是也能接受呢？能，南海是遥远距离的比喻，非是确指。

不过，还是有些疑问，海昏侯会自称南海人？

问题没有这么简单。虽然他可以这样自称，但他确实又没有这样自称。细审墨书金饼与木牍，那上面写的真不是"南海"，有"南"但无"海"。

以木牍文字而论，"南"字之后，如果是两个"海"字，虽然字迹都有缺省，但保留下来的左半边应该相同，而目前所见两字左半边却完全不同。第三字可以明确是海字，左边是三点如横，下接着昏字。可第二字看到的是四横，下面三横如是三点，可认作海字，那上面多出来一横，此字绝非海字。根据残损笔

图4 金饼上的墨书文字（左）

图5 被认出"南海"字样的残损木牍（右）

迹，复原出来一字是"藩"字，与马王堆帛书上的字并无二致。这一列字的前二字认作"南藩"，应确定无疑！

再观墨书金饼，也与木牍类似，第一字为南，第三字为海，第二字左边并不能确定是三点，所以不会是海字，那它只能与木牍一样，也是"藩"字。这样一来，我们才知道"南海海昏侯"，应是"南藩海昏侯"。

刘贺的海昏国，与那个南海国无关。虽然刘贺知道南海国，他却不能将两国合称一国，不能同时也是南海侯。

南藩，是个什么概念？

南藩，就是南方的藩国。据此推断，自然也有东藩、西藩和北藩。东方的藩国，见《史记·郦生陆贾列传》所载："臣请得奉明诏，说齐王，使为汉而称东藩。"三国曹植《洛神赋》有"余从京域，言归东藩"。西藩，可见《晋书·桓伊传》："臣过蒙殊宠，受任西藩。"南藩，唐高适诗中云："身在南蕃无所预，心怀百忧复千虑。"南蕃即南藩。

不过，历代有关"藩"的概念有些区别，在此不必多言。与现在讨论相关的汉代的藩国，尤其东藩与南藩，都应当是朝廷分封的王侯，而且以同姓为主。《史记·吴王濞列传》载："盖闻为善者，天报之以福；为非者，天报之以殃。高皇帝亲表功德，建立诸侯，幽王、悼惠王绝无后，孝文皇帝哀怜加惠，王幽王子遂、悼惠王子印等，令奉其先王宗庙，为汉藩国，德配天地，明并日月。"能封的都封，所以《汉书·武帝纪》有言："于是藩国始分，而子弟毕侯矣。"

有人说，藩国的作用有两个，一是稳定一方，皇帝将亲属派到远离京城的地方，可以起震慑作用；二是保住皇室血脉，万一京城有变，皇帝有难，皇家不会被一锅端掉。有难时藩王可以兴师勤王复国，还可以就地为王，再图进取。

这样说来，刘贺不仅可以自称南藩，而且还足以表明他对朝廷是心向往之，海昏国在南方是屏障，护卫大刘家的大南方。

南藩与南昌

南藩之说有了，似乎离南昌之名不远了。

《汉书·地理志》说高祖置豫章郡，后人理解同时置南昌县，为郡治所在，但史无明文。有研究说，豫章之名，先秦已见，立郡也当在先汉。如先汉有豫章郡，并不明晰是否已有南昌之名。

此次刘贺墓室出土文物中，见到一件刻有"南昌"二字的青铜灯座，被认作关于"南昌"名称的最早实物资料。

发掘者认为，墓里出土了许多"昌邑九年""昌邑十一年"字样的漆器，刘贺有可能将从前待过的山东昌邑称为"北昌邑"，将后来所处的海昏国称为"南昌邑"，进而简称"南昌"，南昌之

图6 马王堆帛书"藩"字

图7 "南昌"豆形青铜灯

名或许由此得来。关于南昌的得名,这是一个比较合理的解释,也许没有比这个更加合理的解释了。

但是,新的问题来了。因为认读了刘贺写的南藩,让人又有了新的想法。这个藩字,还等同于"蕃",南藩也可写作南蕃,上面的引文已有成例。在藩国藩王之外,《韵会》说藩与蕃通,蕃衍昌盛也。《左传·闵公元年》:"《屯》固、《比》入,吉孰大焉?其必蕃昌。"汉王符《潜夫论·忠贵》:"窃亢龙之极贵者,未尝不破亡也。成天地之大功者,未尝不蕃昌也。"藩—蕃—昌,这样读来,南藩、南蕃与南昌,是不是没有了距离感呢?

虽然还不能确认,但应当有这样一种可能,南昌之名,由海昏侯的南藩开始。最坚实的证据就是,刘贺的铜灯座明确地写出了南昌之名。南昌这个名字,极有可能是刘贺带来的。

一番二问

由金饼和木牍上的文字,我们提出了"南海海昏侯"应是"南藩海昏侯"的认知。后来得知,在一线发掘者之间,看法并不一致,虽然有的主张认"南海"作"南藩",但仍有坚称为"南海"的。

最近又细审出土金饼和木牍墨书文字,再次确认"南海"为"南藩"的误读。

从一枚金饼文字残迹看,第一字保存笔画不多,认作"南"字并无疑义。

第二字笔画虽然也保留不全,但显出一个"潘"(上边当无一撇)字也无疑问,三点水加米和田,都较为清晰,丢失的只是草字头。

将这第二字认作"海",太难!

再看木牍。在两件木牍上,前两字正巧有一件保留了左半边,另一件保留了右半边,拼合起来,也是"南藩"二字。

有明确的草字头,三点水,再加上"番"(上边无一撇),除了是"藩",再无理由认作他字,断不能是"海"。

虽然"南藩"的认定并不算困难,但是要解释它的来由,却不是那么容易。

前此说南藩,说明有南方藩国之义,自以为此乃正解。又有一别解,可以多出一些思考,在此写出供有兴趣者谈论。这个别解,由"番"字说开。

我们并不太了解,其实这个"番",与鄱阳湖关系很大。《史记·伍子胥传》记吴王阖闾使太子夫差将兵伐楚,在太湖边取了番地,注引《索隐》说:番"盖鄱阳也"。这是鄱阳湖与番

图8 保存右半"南藩"字样的木牍　　　　图9 合璧的"南藩"字样

图10 保存左半"南藩"字样的木牍

相关的根由。

番，春秋时为楚番邑。方志说秦始皇二十六年（前221）置番阳县，以处番水之北得名，属九江郡。番，因番水得名，番水即今之鄱江。番又因处番水之北而改名番阳，鄱又因番而成字，番阳之为鄱阳，理所当然。

汉代时鄱阳湖水域较小，东晋以后才逐渐形成大鄱阳湖。随着湖水的不断南侵，鄱阳和海昏县治先后淹入湖底。那个番，似乎也因之在人们的记忆中消失了。

其实，番并没有完全消失，后世甚至还有将鄱阳湖写作番阳湖和番湖的。南宋诗人范成大有诗名《番阳湖》，诗句有"雷霆一鼓罢，星斗万里湿。波翻渔火碎，月落村舂急"。同代诗人饶鲁也有诗描写番湖春天的景色，名为《春水番湖》，读来很有气势：

> 春湖浩浩无津涯，银河之水天上来。
> 波澜万顷清复浊，日光云影相昭回。
> 雄吞宇宙何寥廓，欲度冥鸿势还却。
> 南通海气北长江，月出东兮日西落。

说了这么多，却忽略了很重要的一点——番字的读音。现代它有两个读音：fan、pan。但古音又念po，专指番阳之番，见于《集韵》和《史记》注，这也是鄱阳湖的"鄱"读音的依据。

由此看来，这个番与番湖、鄱阳湖有关，是确定无疑的。但是这个番，会不会与蕃、藩有关，又会不会与刘贺说的南藩有关，却并不清楚。懵懂之间，觉得彼此是脱不了干系的。

如果番与藩脱不了干系，又似乎可证南藩之说果真来自鄱阳湖。但，这南藩真的不是南海，鄱阳湖也不会是南海。

"南楚"海昏侯问疑

由刘贺墓金饼与木牍文字的认读,读出了"南海"与"南藩"的分歧。还没等到孰是孰非的判断揭晓,却又冒出了"南楚海昏侯"的新说,增添了一点迷茫之色。

何来"南楚"海昏侯?

最近有简牍研究专家发表高见,首先否定了"南海"之说,认为刘贺不会自称为"南海海昏侯";接着又否定了"南藩"之说,提出了"南楚"新说,大意如下:

木牍没有明确认定的那个文字,与时代为汉代早期的马王堆帛书"藩"字字形确有相似,但与时代更晚一些的西汉文景时期至武帝初期的银雀山汉简,以及年代最与海昏侯墓接近的居延汉简上的"藩"字,却有相当的距离,所以,海昏侯墓奏牍副本上的字能否完全依据马王堆帛书的"藩"字进行复原,尚可存疑。并且,墨书金饼上"南"字下面残存的字迹也看不出特别像"藩"字。不仅如此,考虑到刘贺的特殊身份和地位,其自称"南藩"恐不合适。

当时能称作藩王的,都是地位重要、深受皇帝亲贵的诸侯王,其封国地理位置重要,或处于汉朝疆域的边境,有守卫边境抵御异族的职责。刘贺封为海昏侯的所在之地海昏县并非处于边境,封为海昏侯时其食邑仅为四千户,一县之封的一个小侯国,恐怕难以称作"南藩"。更重要的是,秦汉时期一般称藩或者藩臣的都是诸侯王,以刘贺当时的身份和地位,是没有资格自称"南藩"的。

论者以为,海昏侯墓出土奏牍副本上的那个字极有可能释为"楚",而"南楚"正与史籍记载相合,因此墨书金饼、奏牍副本上的文字或应释为"南楚海昏侯"。

首先,"南楚"之名见于史籍。秦汉时期有三楚之称,将战国楚地分为东楚、南楚、西楚,《史记·货殖列传》载:"衡山、九江、江南、豫章、长沙,是南楚也,其俗大类西楚。……南楚好辞,巧说少信。江南卑湿,丈夫早夭。"

南楚的地理范围包括现在的两湖、河南南部、安徽西南、江西等地,海昏侯国所在的海昏县属豫章郡,正属于南楚地界。

海昏侯墓出土墨书金饼和奏牍副本记载海昏侯自称"南楚海昏侯——强调了自己所处的海昏侯国属于'南楚',同时大概也有自贬身份表明心迹的意图,所以海昏侯墓出土奏牍副本和墨书金饼上的文字'南海海昏侯'或应释为'南楚海昏侯'"。

以上说法,如果抛开文字的认读不论,如果那个字原本消失而无从辨认,我会特别愿意接受"南楚"新说。这个新说的理由特别充分,也特别令人信服。

不过且慢,其实这个新说背离客观进行主观解读,一开篇就以牺牲事实为代价,这是一种极大的冒险,会将自己也将受众带入陷阱。我觉得自己就入了这个陷阱,费了大力才爬将出来,相信还有更多中招者。

背离客观,"南楚"说者已经自我招认。新说本来已经认出那个字就是"藩"字,却突然话锋一转,认作为"楚"字。为什么?是觉得南楚更符合刘贺的自称,刘贺更应当写的是"南楚海昏侯"。

再看看金饼文字。那个"藩"下的"潘"字,本是一点疑问也没有的,却要说它与"楚"字有关,是何道理?难道是刘贺写错了吗?刘贺没有写错。其实"南藩海昏侯"字样已经在金饼和木牍上见到十多例,没有发现过一例误写。

认作南楚,看似有理,其实全然没有道理,只是想当然的空中楼阁。

关于"藩"和"楚"的这些讨论虽然并无多大意义，但却让我们生出一些新的思考：是什么理由让刘贺选择了"南藩"之称，而不是南海或南楚？

这关系到刘贺的方位感。这个方位感是偏理性还是偏感性，是偏地理还是偏政理？

如果是南海或南楚，那仅是一种地理方位。

刘贺的方位感，应当是偏理性与政理，所以他选择了"南藩"。他确实没有自称南藩的资格，但是他有这个愿望还不行吗？

再说回来，他的这些奏牍与金饼其实可能从未出手过，并没有送达长安，他送不出酎金，也饮不到酎酒。

他的梦也只是圆在海昏国，他的这个"南藩"的自称也只能随他入了墓穴。

又见"南藩"

海昏侯是个封号，刘贺在简牍上对皇上称自己为"海昏侯臣贺"，也就可以了，可他还要在前面加上两字，偏巧我们初观这两字都缺少了半边，让大家开始猜起这个千古之谜来。初始，有人认作"南海"，本人主张认作"南藩"，而且都有十分的道理。

我们知道，认作"南藩"，现在应当是定论了，原先坚持认作"南海"的，开始支持本人的说法，改认成了"南藩"，虽然这个改变并不太彻底。但是，仍有不少人还在坚持着"南海"之说，觉得认作"南海"更符合史实，将讨论引向了歧途。

本来觉得这个问题已经没有再辩的必要，但因为又有新证据出现，所以还得简单揭示一下。起先本人根据一片木牍，复原出

图 11　在原字上拼合的"南藩"字样

了"南藩"字样，可能有些人觉得显得比较主观，所以并不同意。有研究古文字的专家，就此撰出宏文来，既不赞成"南海"，也不同意"南藩"，又新读成"南楚"，将一个很清楚的问题，搅和得更加浑浊起来。

上面是早先根据木牍残存文字复原出的"南藩"字样。虽然是有点主观，明眼人一看很清楚，那第二个字无论如何不能认作"海"或是"楚"字，那样就更是主观了。这似乎用不着深奥的古文字学知识，这样的隶书，现在还存在，中等文化水平的人便可认出个八九不离十。

当然，不是南海，不是南楚，如何能进一步坐实它一定就是"南藩"呢？

现在有了一个新证据，应当说这"南藩"真的是坐实了。证据就在海昏侯的"秋请"木牍上，其实也不是新证据，在与前面同时披露的这件"秋请"木牍上,我们意外读到了"南藩"二字的右半部分。由于残存的笔画不大显眼,所以没有引起注意。这件木牍在"……昏侯臣贺"前面有三个字缺损,只剩下右边的一小部分。如果没有什么其他参照,这三个字是很难确认出来的。

当然可以先有一个推测,这三个字要么是"南海海""南藩海"或"南楚海",要么是其他。我们倾向于是"南藩海"。不用过多分析,先放大点图片看看,第一个是"南",不会有疑问。第二个用排除法认,不能是"海",也不能是"楚",恰恰应为"藩"。第三个仅看笔画是认不出来的,但后面接的是"昏侯",那便是"海"了。连起来认读,正是"南藩海昏侯"。

也许还会有人觉得不大明晰,这不要紧,我们不妨将前后两牍的这三个字合贴一处再认认。

应当看得更清楚了,或者说是奇迹出现了,那是非常真切的"南藩海"三个字,"南藩海昏侯"至此便不能再有半点疑问了。

应当打住了,不要再来讨论是什么名头的海昏侯,他就是"南藩海昏侯",千真万确。

哪来的"晦昏"

海昏即湖西吗?

海昏国,海昏侯,还有海昏县,这海昏,怎么说都是一个很奇怪的名称。

媒体报道南昌西汉海昏侯墓考古进展,有这样的话:"海

图12 "海"字青铜印

昏侯的海昏是什么意思?海,是古代人的误会,认为鄱阳湖是海。昏,是黄昏时日落西边,代表西方。海昏,就是鄱阳湖西岸。"据称这还是一些专家的说法,可是专家并没有提示可信的证据。

作为一种猜想,将湖西说成海昏,含义是很深沉的,也是马马虎虎可以接受的。谁叫那儿有个鄱阳湖呢,谁让海昏县又恰恰位于湖西呢!

将湖叫作海,确实不稀罕,且不说熟识的青海、中南海,甚至还有林海、花海、草海、云海、人海、酒海、瀚海,偶尔还有血海、泪海,但将鄱阳湖称海,这习惯似乎并不流行。鄱阳湖原本有个很得意的名字:彭蠡泽,"彭蠡"意为一个大水瓢或是一片贝壳。联系到源出东方朔的"蠡测"这个词,就能知道古人多么小看了大鄱阳。

海昏即是湖西,总感觉这说法有些牵强。那个海未必指的是那个湖,那个昏未必是东西之西。

17

同与不同的昏、昬、婚

昏，汉代有时写成昬，上部为民字。

依《正字通》说，昬同昏。唐本《说文》从民省，徐本从氏省。按宋人晁补之的说法，是因唐时讳民字，所以昬就改写成昏。这说法本于唐人所作《五经文字》，为避讳李世民的民字，改写了许多带有民字偏旁的字，昬就变成昏了。这说法并不准确，刘贺墓中木牍文字写作昬，居延及其他汉简，昬已写作昏，唐以后也有继续写成昬的。

按《说文》说昏，"日冥也"，太阳下山了，天黑了。《周礼·秋官·司寤氏》注说"日入三刻为昏，不尽三刻为明"。《淮南子·天文训》说"至于虞渊，是谓黄昏。至于蒙谷，是谓定昏"。昏之义，就是指太阳落下以后的时辰。因为古时结婚是在这样的时刻，所以用昏字来指代。如《仪礼·士昏礼》郑玄注所说，"士娶妻之礼，以昏为期，因而名焉"。因此，《诗·邶风·谷风》就有了"宴尔新昏"的句子。太阳落山，成就了洞房花烛之夜，是很美好的事情，这是由一个昏字带来的美事。这个昏，就是婚。

但是与昏字沾边的，更多的是不美的事。随便说出一个带昏字的词语，都差不多带着深深的贬义，昏蒙、昏暝、昏庸、昏迷、昏聩、昏昧、昏眩、昏厥、昏惑、昏迈、昏沉、昏困，将老天的昏态形容到了人身上，这问题就严重了。

昏，还易生乱，即昏乱。《尚书·牧誓》为"昏"作传、疏者，均说"昏，乱也""昏阇于事必乱，故昏为乱也"。

昏，还有一个特别的用法，是指那些生未三月的夭折婴儿。此例见于《左传·昭公十九年》"札瘥夭昏"之注疏，说"未名曰昏""子生三月父名之，未名之曰昏，谓未三月而死也"。

再看海昏侯刘贺的昏,又是哪个释义呢?那一拨很干脆地废黜了他的人,那一个生怕他复辟的新帝,给他封个名号,其中的含义,好不了的。

一轮落下的太阳,一个昏乱的废帝,一个连年号都未及命名的下台皇帝,一个不准入庙堂的忤逆子孙,对手送一个昏字给他,他们觉得是最恰当不过了。

海即晦

仅是一个昏字,似乎还不大解气,于是又加了一个海字,成了海昏侯。

这个海,并非我们想象的大之意,也不是真与大海有关,与那个湖,也没什么关联。

看《释名》的解释,"海,晦也,主承秽浊,其色黑如晦也"。很难相信,古人对海的理解,对海的解释,会有这样的偏见。

再说晦,按《说文》的解释,是"月尽也",月亮没有了。月亮时称望,月尽时称晦。《释名》又有扩展的解释,说"晦,灰也。火死为灰,月光尽似之也"。

诗中有晦,《诗·周颂·酌》有"遵养时晦",《传》曰:"晦,昧也。"《诗·郑风·风雨》载:"风雨如晦,鸡鸣不已",《传》曰:"晦,昏也。"

也是巧了,昏是日无光,晦是月不亮,日月如此,用于喻人,是何意思?

海如是晦,海昏就是昏上加昏,重昏,真是严重。

晋张华《博物志》卷一引《尚书考灵耀》曰:"七戎六蛮,九夷八狄,经总而言之,谓之四海。言皆近海,海之言晦昏无所睹也。"黄节注《尔雅》,引三国人孙炎解释《考灵耀》类似的话，所谓"海之言晦，晦暗于礼义也"。这里的海，就是晦暗、晦昏。

四海即四晦吗？如此解来，感觉那么牵强，也有点矫情。可如果你读到古人直接将四海写作四晦的文字，是不是会更加诧异？

西晋初年，在汲县魏墓中出土一批简书，中有《穆天子传》，记录周穆王"征巡四晦"故事，四晦即四海。在湖南长沙子弹库一座战国晚期楚墓中，出土一件缯书，上面书写有"乃命山川四晦"，四晦即四海。新见清华简三《赤鹄之集汤之屋》中，有一语说"亦卲[昭]然四晦之外，亡[无]不见也"，四晦即四海。又有出土秦封泥"东晦司马"，即为"东海司马"。这似乎是说，东海郡也是可以写成"东晦郡"的。

直接将海写成晦，更明确了两字的关系，海即晦也。

海昏即晦昏

由四海、四晦说起来，这海昏，也就是晦昏吧。月光尽为晦，日光尽为昏，日月无光，晦昏之谓也。

读王逸《楚辞章句》释王褒《九怀》中"远望兮仟眠"句，说是"遥视楚国，暗未明也。一作芊瞑，一作晦昏"。仟眠、芊瞑、晦昏，都是同义词，无日无月，"暗未明"也。

晦昏，这个词汉代是有的。这样说来，海昏就有了双重意思，昏上加昏。这不是一个好名字，它所包含的故事，还得细细琢磨。

问题来了，是先有海昏县，还是先有海昏国？

这个问题，现在并没有确定的答案。假定先有此县，刘贺的继任者也是费尽心力，在众多的县份中去挑去选，选这么个让刘贺恶心的县名。原先的昌邑，意思是光明之城，阳光大放。你不是故昌邑王吗，就别那么明光锃亮了，请到海昏去找找感觉如何，体会一下日月无光。

虽然时下流行一说，当初汉武帝设豫章郡的同时就有了海昏县，但史无明证。海昏之先叫作什么县？假定刘贺之先就有了这个县，那又因何会想出这么个名头来，官员庶民还能接受？

最大的可能，还是与刘贺有关，是辱他的侯国名顺带取了这个怪怪的县名。

看汉晋海昏人写海昏

海昏立县，当在有海昏国之先。元康三年（前63）三月，汉宣帝下诏："曾闻舜弟象有罪，舜为帝后封他于有鼻之国。骨肉之亲明而不绝，现封故昌邑王刘贺为海昏侯，食邑四千户。"海昏侯传四代就没了，海昏还在，它为汉代豫章郡所辖十八城之一，至南朝宋元嘉二年（425），大致经500年古城消失不寻。

2007年9月，在南昌市青云谱区八大山人梅湖景区工地，发掘到一座东晋（或说年代更早）合葬墓。墓中出土木质"名片"书写着"豫章郡海昏县"字样，让消失的海昏古城有了一点出露的迹象。

名刺上写着：

豫章郡海昏县都乡吉阳里骑都尉周涉年五十六字子常

这其实是死者到冥间去的一个介绍信，墓主名叫周涉，字子常，卒于56岁，海昏县都乡吉阳里人，生前为骑都尉。

骑都尉，不会是乡里的官员，也许是朝中命官。《后汉书·刘玄传》载："其所授官爵者，皆群小贾竖，或有膳夫庖人，多着绣面衣、锦袴、襜褕、诸于，骂詈道中。长安为之语曰：'灶下养，中郎将。烂羊胃，骑都尉。烂羊头，关内侯。'"厨师都能做官，社会反响强烈。周涉这个骑都尉是怎么得的官，不须去理论，因其籍贯在海昏县，乘着海昏侯的故事，又让人注意起来。

古人写的海昏县，原来是这个样子，那个昏字，不同于今体。上民下日，合为昏。

海昏侯墓出土了大量的木牍金饼，其上书写的确确实实都是"海昏侯"。

大漠里的昌邑国子民

前一段时间去台湾做考古旅行，参观了"中研院"文物陈列馆。当走进居延汉简陈列室，看到数枚写有"昌邑国"的竹简，顿时觉得眼前一亮，继而是心头一震，它让人想起了海昏侯，想起曾经做过昌邑王的刘贺来。

这昌邑国，如何与远在西北的大漠边陲发生联系的呢？让我们来看看竹简上写了些什么，看过之后，可能就明白了。

这是出现在西北大漠的田卒名录，这一部分田卒全都是来自遥远的昌邑国。回京后查证，这些汉简已著录在《居延汉简》，虽然过去有学者做过相关研究，但竹简的内容还是可以再做一些议论的，何况它与海昏侯存在关联。

竹简记录有田卒的姓名与籍贯、年龄与身份，还有发放给他们的衣物名称：

田卒昌邑国邵灵里　公士包（逢）建　袭一领　枲履一两　单衣一领　绔一两

田卒昌邑国邵宣年　公士卿奉得　年廿三　袍一领　枲履一两　单衣一领　绔一两

田卒昌邑国邵良里　公士费涂人　年廿三　袍一领　枲履一两　单衣一领　绔一两

田卒昌邑国石里　公士卿鹿辟疆　年廿三　袍一领　枲履一两　单衣一领　绔一两

田卒昌邑国邵灵里　公士朱广　年廿四　袭一领　枲履一两　单衣一领　绔一两

田卒昌邑国邵成里　公士公丘异　袭一领　枲履一两　单衣一领　绔一两

田卒昌邑国邵成里　公士暴叨之　年廿四　袍一领　枲履一两　单衣一领　绔一两

田卒是汉代屯田戍边的士兵，能种地能打仗者。河西地区是汉代的边防重地及经营西域的重要基地，募集田卒承担守护与耕种，成为当时一大国策。汉在河西设郡置县以后，为解决增量的移民与军队的粮食供应，在河西实行大规模屯田。

从《居延汉简》的记载看，田卒是河西边塞屯田系统中的主要劳动者，河西地区的戍卒和田卒来自27个郡国，更多的是来自淮阳郡、大河郡、济阴郡和昌邑国等农业经济发达的关东郡国。与戍卒一样，田卒也是服役之民，在边塞主要从事垦田、修渠、建筑农舍等事，在敌情紧急时也承担防御之责。

《居延汉简》中的屯田资料多属西汉昭、宣时代，说明河西的屯戍活动在昭、宣时代达到了高潮。昭帝时昌邑国还存在，刘贺还当着他的昌邑王，他的子民去边塞服役，年龄几乎都在二十岁以上，应当都是一些年轻力壮的种地能手吧。

我们注意到，昌邑国的这些田卒有一个共同的身份，称为"公士"。这是个爵位名，秦、汉二十等爵的第一级，属最低一级。虽然拥有爵位，但仍须服役，身份略优于无爵之人。《汉书·百官公卿表》颜师古注说："言有爵命，异于士卒，故称公士也。"公士可享有岁俸约五十石，同时另有田一顷、宅一处和仆人一名。他们也算是有地位的人，仍然要往边地服劳役，未必乐意，也不能不去。

依简文所记，田卒有一定待遇，衣物定期发放。供给衣物中主要有袍子、裤子、单衣、袜子和鞋子。

简文中的"袭一领"，就是一件袍子，袭是一种袍子。单衣一领，就是单衣一件。绔一两，就是一条裤子，绔即裤子。枲履一两，就是麻鞋一双。

注意这里说的"一两"，如是鞋一两，即鞋子一双。如是绔一两，即裤子一条。其他简文中还见到有袜一两，即袜子一双。鞋子与袜子，一双说成一两，我们勉强可以理解，裤子一条说成一两，很有点意思，那显然指的是两条裤管。可是袍子有两条袖子，却没有说成一两，约定俗成吧。

由这些简文，我们似乎看到了劳作在大漠上的昌邑国人的身影。那会儿的昌邑王刘贺，是以怎样的心境派出他的子民到边陲去的呢？

贰

幻世

臣服的废帝，口服心服吗

海昏侯墓的发掘并没有完全结束，发掘成果陆续见于媒体的报道。近日公布的木牍文字非常重要，其中有给皇帝的奏章，也有给太后的书信。

刘贺得了个海昏侯的封号，是他的继位者同情他的结果。严格来说，宣帝是继他的位登基，正常的情形，刘贺该有太上皇的身份。当然这个问题有点复杂，宣帝虽是新帝，刘贺可还是他的叔辈。

刘贺是不得不在新帝面前称臣，这次发现的木牍文字，确凿无疑地表示了刘贺臣服的态度，不论是口服心不服，也不论是否还心存妄想。

刘贺表示臣服的木牍，我们只看到了局部影像，可能是奏章，也可能就是一封书信，在能够读出的二十七个字中，他自称臣三次，尊称皇帝陛下三次，占一半的字数。这低三下四的表态，会是由衷的吗？任是谁都不会相信。

宣帝封刘贺为海昏侯，让他迁到南方，宣帝自己并不放心，还派有眼线打探他的动静。

刘贺也确实有些想法，在后悔当初没有干脆一点儿收拾了霍光。迁到海昏国不到两年，扬州刺史上奏宣帝说，刘贺与原太守卒史一个叫孙万世的有来往，孙万世问刘贺说：你当初要被废时，为何不坚守宫中，斩了霍光，却听凭人家夺了你的帝玺印绶？刘贺表示后悔，失去了机会。孙万世又建议刘贺争取当个豫章王，不能仅满足于做列侯。刘贺说，是啊，只是这话是不可随意乱说的。

一个小报告打上去，有司案验属实，刘贺被批请逮捕。还好，虽然没有逮捕，却遭到"削户三千"的处罚。不久，心灰意

图 13 "臣贺"奏章木牍

冷、疾患交加的刘贺就永远地闭上了眼睛。

写下了"皇帝陛下",写下了"拜上",写下了"臣贺",在这些字眼里,应当包含他的无奈与悔恨。

记住木牍上落款的时间,是元康四年(前62),这是刚刚得封海昏侯的次年。三年之后,刘贺就离开了自己辉煌过的世界,将自己的不甘带进了坟墓。

那个曾经的"秋请"梦

海昏侯墓出土木牍上的文字,有些信息还没有引起注意。这枚木牍上的文字,透露出了一个很重要的信息,让我们进一步了解到刘贺到达海昏国的心境,他是真的不甘心。

这枚木牍的文字如下:

> 南藩海昏侯臣贺昧死再拜上书言
> 〔南藩海昏侯〕臣贺昧死再拜谨使陪臣〔行行人〕事仆臣饶居奉书昧死
> 再拜为秋请
> 皇帝陛下陪臣行行人事中庶〔……海昏侯〕臣贺昧死再拜〔……〕
> 皇帝陛下
> 〔元康四年……〕

这枚木牍虽然文字有缺损,但大意是清楚的,说的是:南藩海昏侯刘贺上书皇帝陛下,要派使臣饶居为参与"秋请"之礼上书,并代行人行礼。这里的"行人"是一个官名,是汉帝专管接待诸侯王的差事。刘贺遣近臣饶居上书皇帝套近乎,就是为了参加"秋请"。

何谓"秋请"?就是秋季诸侯朝见帝王之礼,简称为"秋请"。又有春天的朝见之礼,称为"春朝"。春朝与秋请,将君臣名分表露得明明白白。

依《正韵》说:"汉制,春曰朝,秋曰请,如古诸侯朝聘也。"清段玉裁《说文解字注》说:"周礼,春朝秋觐。汉,改为春朝秋请。"觐见、朝见，一般容易理解其中包含的意思，就是诸侯去见天子。但同样意义的"请"，我们反而感觉有点陌生，汉时改觐为请，也是拜谒之意。

汉代的秋请，大约只有一事记入《史记》，与吴王刘濞有关。《史记·吴王濞列传》有"使人为秋请"一语，裴骃《集解》引孟康曰："律，春曰朝，秋曰请，如古诸侯朝聘也。"刘濞为何要"使人为秋请"，而不是亲自进京朝见呢？

话说吴国的豫章郡自古就有出产铜的矿山，刘濞招募天下亡命之徒偷偷炼铜铸钱，还在东海边煮海为盐，国力由此十分充足，这就让他开始不安分起来。

先在文帝时，吴王的太子进京陪伴皇太子喝酒博弈，没想到吴太子剽悍、骄矜，与皇太子博弈时为棋路相争，被皇太子拿起棋盘打死了。遗体被送回吴国埋葬，吴王非常生气地说："天下就咱大刘一家，死在长安就葬在长安，又何必送到吴国来安葬？"吴王又派人将太子尸体送回长安埋葬，从此心生怨恨，慢慢就淡化了藩王应守的礼节，还称病不按常例去朝见天子，只是指派属下代他出场敷衍而已。

京中知道吴王是生气称病不朝，就将所有吴国来代春朝的使者拘留起来。后来吴王又派人代行秋请之礼，这便是司马迁所记的"使人为秋请"。皇上责问使者，使者巧言做了一番解释，皇上才释放了他们，并赐予吴王倚几与手杖，还准他直至老死都可以不来朝见天子，不想再为难他，也是担心多出是非来。

春朝秋请，刘濞是有机会却不乐意去，要耍大牌。而刘贺却是无机会又想去，梦寐以求，于是就上书皇帝，要求行秋请之礼。

想来宣帝给刘贺封了海昏侯，让他迁到南方，当然是别有考虑的。《汉书》本传记载的封侯诏书曰："盖闻象有罪，舜封之，骨肉之亲，析而不殊。其封故昌邑王贺为海昏侯，食邑四千户。"

图14 木牍上书写的"元康四年"

封侯之日刘贺就没有了入朝的资格,为什么?因为有个侍中卫尉金安上给他奏了一本,说刘贺被上天所弃,是个"嚚顽放废之人,不宜得奉宗庙朝聘之礼",春朝秋请,没有他的份儿了。宣帝同意了,刘贺远途"就国豫章"。在海昏国,如上文提到,刘贺与原太守卒史一个叫孙万世的有来往,孙万世建议刘贺争取当个豫章王,不能仅仅满足于做列侯。这事让皇上知道了,遭到"削户三千"的处罚。

被剥夺朝请资格,这在汉代是个极重的处罚,无异于削位为民。景帝有个弟弟刘武封梁孝王,他的母亲是窦太后。梁孝王有次入朝,景帝以兄弟之礼设宴款待。景帝酒酣高兴,说去世之后把帝位传给梁王。窦太后听了当然很高兴,可在一旁的窦婴却说,天下是高祖的天下,帝位须父子相传,皇上不能自作主张传给弟弟梁王。这话让窦太后心生憎恨,窦婴托病辞职不干了。窦太后也不含糊,再不准窦婴来朝见皇帝。《史记·魏其武安侯列传》说是"太后除窦婴门籍,不得入朝请",春朝秋请,不得参与。

春朝秋请,算是一种政治待遇。对于刘贺来说,从他得封海昏侯之时起,这扇门就已经严严实实地关上了。其实刘贺开始并不死心,他对春朝秋请还抱有幻想,还做着那样一个梦。从他墓中发现金饼上的文字看,"南藩海昏侯臣贺元康三年酎金一斤",时间是元康三年(前63),是他刚封海昏侯的当年,即刚被褫夺春朝秋请资格的当年。自那一刻起这个梦就开始了,只是那些本来是作为献祭的金饼——酎金,并没有机会献出,最后都随葬到了他的墓穴中。

注意，木牍所记刘贺上书要求秋请的时间是元康四年，这是他得封海昏侯的次年。这枚木牍被精心保存了三年，最后也与金饼一起随葬到了他的墓穴中。金饼与木牍的上面都记着海昏侯的一个梦，一个竭力挣扎的梦。梦想重新进入那个核心政治生活圈，争取诸侯王之位，会不会是个更远大的复辟梦呢？

命悬"医工五禁汤"

刘贺在壮年去世，似乎是因病而逝。墓中出土一件漆器，为盘盏之类，见器底书写五字，道出这漆器的用途，也为我们查考刘贺的身体状态提供了信息。这五字是：

医工五禁汤

好有意思的发现，有了这简单的文字，这器物的用途也就明确了。这是说，盘盏是用于喝汤的，而且它固定盛一种五禁汤，这汤是医工的处方。医工为刘贺开出了五禁汤。何为医工？五禁汤又是什么汤？

医工，是古时对医生的一个称谓。《黄帝内经素问·疏五过论》中，以医者为工。汉代设医工长，主管宫廷医药。《后汉书·百官志》说，王国官有"礼乐长，主乐人……医工长，主医药……皆比四百石"。医工长之下还设有侍医、太医、尚方等医官。至唐代有医工与针工，其位在医师、针师之下，而在医生、针生之上。南宋流传至今的《医工论》，述正己正物之理，扬医工医师之德。

图 15　漆盘出土情形

图 16　刻"医工"字样青铜盆

王侯们有医工伺候，这是一种待遇。中山靖王刘胜墓出土一铜盆，口沿和底部有修补痕，口径两处、器壁一处刻有"医工"字样，是王侯们拥有医工的证明。海昏侯也应当有这样的待遇，这次出土的带有"医工"字样的漆器也能证实这一点。

五禁汤，是一款什么汤呢？医工开出的汤，应当是治病的药汤，食亦疗病，所以它也可以是一款吃食。以食当药，那饮品、食品都可以看作药，五禁汤又是什么来头呢？

恐怕得先弄明白什么是"五禁"。

传统中医指患气病、血病、骨病、肉病、筋病者，应分别禁食辛、咸、苦、甘、酸五类食物，是谓"五禁"。五禁与五味理论有关，这个词出现很早。五味即辛、酸、甘、苦、咸，中医以为味不同，对人体作用便不同，如辛味能散能行，酸味能收能涩，甘味能补能缓，苦味能泻能燥，咸味能软坚润下。近代中医学认为物味不同，与所含的化学成分有关，如辛味多含挥发油，酸味多含有机酸，甘味多含糖类，苦味含生物碱、甙类或苦味质等。

五味所入简称"五入"（见《素问·宣明五气篇》），五味入胃，各有作用的脏腑，所谓"酸入肝""辛入肺""苦入心""咸入肾""甘入脾"。于是在《黄帝内经》之《灵枢·五味》中，有了"肝病禁辛，心病禁咸，脾病禁酸，肾病禁甘，肺病禁苦"的说法。在《素问·宣明五气篇》中明确定义成"五禁"，说"辛走气，气病无多食辛；咸走血，血病无多食咸；苦走骨，骨病无多食苦；甘走肉，肉病无多食甘；酸走筋，筋病无多食酸。是谓五禁，无令多食"。

这样看来，所谓"五禁汤"，莫非五味皆禁的汤药？如是，刘贺真是病得不轻，五体均有疾患，五味均不得入，这是什么滋味的生活？没准儿就是清水炖青菜，或者里面还游过几条地龙。

中医认为地龙有通经活络之功，作用于痹症及半身不遂，可治疗多种原因引起的经络阻滞、血脉不畅、肢节不利之症。

地龙是什么？就是蚯蚓。刘贺凭什么要吃这样的"五禁汤"，他果真病得如此沉重？

刘贺是个久病之人，可能有先天不足，更可能有精神上的问题，受了太大的委屈。据记载，刘贺登基前是个浪荡青年，吃喝玩乐一样不落，到了宫中，依然如此。被废黜后，情形大不相同，完全变成了另一个人。汉宣帝对废黜的刘贺开始还很不放心，曾令当地太守张敞暗中监视，张太守常到刘贺家中探访，没断了给宣帝打小报告。宣帝知刘贺二十六七岁时身体萎靡不堪，仪态不端，小眼平鼻，须毛稀疏，言行呆傻，穿短衣大裤，妻儿成群，因偏枯之病致肌肉萎缩，行走不便。得到这些消息，宣帝方才放心，觉得帝位不可动摇了。

偏枯之疾是个什么病？正是半身不遂！

脑血管意外或风湿症，都可致偏枯症，刘贺这两个病因都会有。不说从皇位上跌落，就是由习惯了的北方移居到南方也是一个大考验，甚或是生死考验。汉代就有贬官要求降级处罚也不愿去南方的官吏，刘贺本心也一定是不愿到那个海昏国去的。终究去了，还真就没有过去这个坎，几年就丢掉了性命，医工五禁汤也没有什么用处。

我们注意到，海昏侯墓随葬的漆器多昌邑旧器，不知这一件五禁汤盘是旧器，还是刘贺病后所置。如是旧器，则上面的文字可能是在入葬时加写上的，用意在说明盘中之物。也即是说，这五禁汤在入葬时也是实有其物，为的是让刘贺在冥间继续疗病吧。

叁——自鉴

神交孔子

海昏侯墓中出了一座"漆屏风",是一个漆器组件,出自椁内西室,拼接后整体宽50—60厘米,高70—80厘米。它是屏风或者是别的什么,暂且不论,重要的是上面有可能是孔子及他人的画像,更有细写孔子生平的文字。虽然文字并不十分完整清晰,披露的也只是片段,依然引起广泛关注,这无疑是非常重要的发现。

看看有心人整理出来的文字内容是什么,局部照片上约写有六十字,可辨认的有五十多字,分为五列,释读如下:

……字中(仲)尼,姓孔,子氏。孔子□见……

……也。鲁昭公六年,孔子盖卅矣,孔子……

……也,自□□多来学焉。孔子弟子颜回、子赣(贡)……

……六年,孔子六十三,当此之时,周室(微而礼乐废)……

……南夷与北夷交,中(国不绝如缕)……

在这些有限的文字里,很多人关注的是孔子的出生年份,以为与以往所知的文献记述不符,不知问题出在哪里。这固然是需要考证的,但如果换一个角度来想,这个问题也许没有那么重要,首先要弄明白的是,海昏侯为何对孔子这么感兴趣?他的兴趣点在哪里?

当然,那时正是董仲舒主张"罢黜百家,表彰六经"之后不久,儒家思想对刘贺产生了明显影响也是很自然的事。而且据

图 17　孔子传记文字

《汉纪·孝昭皇帝纪》说:"河南王式字翁思,为贺师……为世儒宗。"刘贺继昌邑王位后,有大儒为师,他对孔子及儒教,应当了然于心。可是从漆文看来,刘贺关注的并不是孔子那些光鲜的道理,而是他生平的境遇。从漆书文字提到的孔子三十岁与六十三岁看,这可是圣人两大人生节点,我们就来看看孔子在节点上的行为吧。

漆文写的是鲁昭公六年（前536），孔子已经三十岁。

三十岁的孔子，干了什么？他做了一个重大的人生选择，弃官从教，教书课徒。根据《史记》所记，孔子在民间创立私学开始于三十岁，是在他赴周都游学前后，他的第一批学生如鲁国的贵族弟子孟懿子和南宫敬叔就是在这时候拜他为师的。三十岁的孔子从曲阜赶到洛阳，拜访了老子，行拜师礼。孔子向老子学周礼，两人还曾共同主持过一个人的丧礼。

孔子要离开老子之时，老子送了孔子几句话，语见《史记·孔子世家》："聪明深察而近于死者，好议人者也。博辩广大危其身者，发人之恶者也。为人子者毋以有己，为人臣者毋以有己。"说一个人聪明能明察秋毫，这优点往往能够使其丧命。因为明察秋毫的人一眼就能看出别人的缺点，喜欢议论，容易得罪人，遭人报复。一个人知识广博善辩很好，但这样容易受到伤害。做儿子的在父亲面前不要自作主张，做臣子的在国君面前也别锋芒毕露。

看问题太深刻，说话太尖锐，伤害了别人，会给自己带来很大的危险。也许漆文中有老子这句话，也许这句话使刘贺感触很深。为人的道理与为帝的道理，是不是相通的呢？刘贺会不会偶尔想到自己在这方面捅了什么娄子呢？

漆文又写"……公六年"，孔子六十三岁。应当是鲁哀公六年（前489），如是，所述孔子年龄与已知文献应当是吻合的。

孔子六十三岁，老之将至，他的境遇，他的思想，值得咀嚼。他这样描写自己的心态："发愤忘食，乐以忘忧，不知老之将至。"这时已是孔子领着弟子周游列国的第九个年头，旅途艰辛，没有收获，还险些丧命，但孔子仍然乐观地坚持自己的追求。孔子说："不义而富且贵，于我如浮云。"一切都是浮云，"富与贵，是人之所欲也；不以其道得之，不处也。贫与贱，是人之所恶也；不以其道得之，不去也"。

孔子六十三岁这年，吴国侵伐陈国，孔子离陈往蔡，途中"绝粮"，几遇隐士。遇见楚狂接舆，"歌而过孔子"，他将孔子比作"衰德"之凤，还告诫孔子说："今之从政者殆而！"说现在从政的人，真的是好危险。路上又遇到耕地的长沮与桀溺，使子路问津无果，还反被说了一些讥讽的话。孔子怃然曰："鸟兽不可与同群。吾非斯人之徒与而谁与？天下有道，丘不与易也。"

图18 衣镜背板上的孔子像

孔子的话，历来有不同的理解，这"鸟兽不可与同群"究竟是什么意思？有的认为说的是那几位隐士，以为孔子不愿与他们为伍。可孔子曾多次想去隐居，甚至想隐在遥远的"九夷"。他的原则是："危邦不入，乱邦不居，天下有道则见，无道则隐。"儒家主张入世，也不回避隐退，这也是孔子的一贯思想。"鸟兽不可与同群"究竟是何意，刘贺一定有他的理解，孤傲与轻慢，也许都是有的。被废黜的他，一定有着满腹冤屈。

三十，六十三，这两个年龄节点对孔子而言，是思考人生的关口。先是年少壮怀，后是老成深虑，各个不同。刘贺会不会觉得，孔子的话像是对他说的呢？"浮云"也好，"鸟兽"也罢，有点心心相印了，也有点惺惺相惜了。

所以，就有了这"屏风"，海昏侯眼里心里都有孔子，他要让孔子天天给予他慰藉。

图 19　孔子像与孔子传记

这样一看,"屏风"上的文字,是不是可以寻出座右铭来?

这么说来,刘贺这一位废皇帝,也许没有我们想象的那么泼皮浅薄,没有文献中说的那样无耻无聊。

上面是初读孔子"屏风"上关于孔子行迹文字的印象。我们知道,这孔子"屏风"其实是一具穿衣镜,关于它的认定,我们在后文中会提到。后来发掘者公布了进一步整理的孔子衣镜漆书文本(王意乐、徐长青、杨军管理《海昏侯刘贺墓出土孔子衣镜》,《南方文物》2016 年第 3 期),让我们来看看还有什么原来不见的内容。

孔子生鲁昌平乡聚邑,其先□(宋)□(人)也,曰房

图20　衣镜框背板拼合图

叔。房叔生伯夏，伯夏生叔梁纥。叔梁纥与颜氏女野居而生孔子，祷于尼丘。鲁襄公廿二年孔子生，生而首上汙顶，□（故）名丘云，字中（仲）尼，姓孔，子氏。孔子为儿僖戏，常陈俎豆设□（容）礼，人皆□（伟）之。孔子年十七，诸侯□称其贤也。

鲁昭公六年，孔子盖卅矣。孔子长九尺有六寸，人皆谓之长人，异之。

孔子行礼乐仁义，□久天下闻其圣，自远方多来学焉。

孔子弟子颜回、子赣之徒七十有七人，皆异能之士。□□□□（孔子游诸侯）毋所遇，困于□□（陈蔡）之间。

鲁哀公六年，孔子六十三。当此之时，周室灭，王道坏，礼乐废，盛德衰，上毋天子，下毋方伯，臣詑君子□必四面起矣。强者为右，南夷与北夷交，中国不绝如缕耳。

41

孔子退监于史记，说上世之成败，古今之□□，始于隐公，终于哀公，纪十二公事是非。二百卌年之中，□（弑）□（君）卅一，亡国十二，刺几得失为天下仪表。子曰：吾欲载之空言，不如见行事深切著名也，故作《春秋》。上明三王之道，下辨人事经济，□（决）□（嫌）□（疑），□□恶，举贤才，废不肖，赏有功，诛桀暴，长善苴恶以备王道。论必称师，而不敢专已。追迹三代之礼序书传，上纪唐虞之际，下至秦缪，编次其事，约其文辞诗书礼乐雅颂之音，自此可得而述也，以成"六艺"。

孔子年七十三，鲁哀公十六年四月己丑卒。天下君王至于贤人众矣，当时则荣，殁则已焉。孔子布衣，传十余世，至今不绝，学者宗之。自王侯中国言"六艺"者，折中于夫子，可胃至圣矣。

相比之前的内容，这次文字增加不少，其实要点只有两个：一是说孔子修订《春秋》，用意在"说上世之成败，古今之要义"；二是孔子的卒年，他七十三岁逝世。

关于孔子的卒年，我们这里也不拟讨论。

"文王拘而演《周易》，仲尼厄而作《春秋》。"亦经亦史的《春秋》，不论古今学者的认识存在多么大的差距，它的重要性都是不可低估的。需要关注的是，刘贺衣镜文字转述孔子生平，本来是有多种选择的，在有限的文字里特别提及《春秋》而忽略《诗经》，这应当是衣镜主人的特意安排。它的意义如同后人所说，"以史为镜可以知兴替，以人为镜可以知得失"。

刘贺太需要这样的思考了。设想他应当在被废后有过这样的思考，他也在盼望一种东山再起的时机。每天照着历史之镜，照着自省之镜，刘贺的衣镜，用处就在这里。

这一节漆书的最后几句，显然取自司马迁的《孔子世家赞》，原文是：

> 太史公曰：《诗》有之："高山仰止，景行行止。"虽不能至，然心乡往之。余读孔氏书，想见其为人。适鲁，观仲尼庙堂车服礼器，诸生以时习礼其家，余祇回留之不能去云。天下君王至于贤人众矣，当时则荣，没则已焉。孔子布衣，传十余世，学者宗之。自天子王侯，中国言"六艺"者折中于夫子，可谓至圣矣！

司马迁说自己虽然不能回到孔子的时代，却是心向往之。阅读孔子之书，可以想见他的为人。从君王到贤人，他们生前荣耀一时，死后却默默无闻。可孔子是个平民，后世学人都尊崇他，自天子至王侯，凡习"六经"的都以孔夫子的学说为准判断是非，孔子可以说是至圣呀！

录下司马迁的赞语，刘贺的心里也许踏实了一点点，我们也不必去猜测了。还需要特别提到的是，论者大谈刘贺没有可能得见《史记》者，可以休矣。司马迁的赞语，出现在刘贺的衣镜上，明明白白。由此得见，司马迁对孔子的评价，刘贺也是认同的。

末了，我们还得注意衣镜背上说孔子"故名丘云，字仲尼，姓孔，子氏"这个说法，问题出在"名丘云"。这与《孔子世家》中说"故因名曰丘云"相吻合，但究竟是名"丘"，还是名"丘云"呢？虽然后来都称其为孔丘，不过由《孔子世家》的语意看，是可以称为"丘云"的，那个云字未必是个语助词，这个疑点存以待考。

圣贤作则

海昏侯衣镜的背面，不仅写有孔子与若干弟子的生平及言论，而且还绘有他们的形象，这是非常难得的，也是目前所能见到的年代最为久远的孔子画像。

镜背画面内容丰富，虽然并不是很清晰，但还是能分辨出具体形象的轮廓来。发掘者对画面的描述，让我们获得了更明确的印象。镜背四周彩绘有青龙、白虎、凤凰和玄鹤四神图案，还有东王公和西王母形象，这与衣镜铭的表述是吻合的（详后）。从残存的文字和图像判断为孔子及弟子的图像和传记，除了孔子和颜回，还有子贡与子路，有堂骀子羽和子夏，还有子张与曾子。

衣镜的镜框为长方形，四周用厚方木做框架，加背板，出土时破裂成多块。拼合后度量外框长 96 厘米、宽 68 厘米、厚 6 厘米。内框镶嵌长方铜镜，出土时已断裂成两块。

镜框表面髹漆为红色，内框四边正面绘有四神和仙人图像。上方中间是凤凰，凤凰两侧为东王公和西王母。左侧是白虎，右侧为青龙。下方图像不很清晰，以漆文衣镜铭判断应为玄鹤。关于衣镜所见四神体系，后面准备另作讨论。

衣镜所衬背板，四周用黄色粗线绘出方框，再用两条黄色粗线将方框分割为大小相若的上中下三部分。三个部分中的画面与文字布局大体一致，在中间部分彩绘两人像相向而立，人像头后上方标示人物姓名，两侧用黑漆书写相关的生平和言论。

三栏中居上一栏的人像是孔子和颜回，孔子在左，颜回在右。孔子画像与其他人略有不同，其他人都是线描身体轮廓，而孔子画像是满绘，身上服饰用粉彩。孔子头戴小冠，由于水渍，面目不很清晰，但可以看到有长须，身材瘦削。孔子面向

图 21　颜回像

颜回拱手而立，背微前倾。孔子身穿深衣长袍，腰有束带，穿翘头履。颜回像位于孔子像右侧，头戴小冠，面目清秀无须，深衣长袍，面向孔子。双手合抱，向孔子躬身行礼。

居中一栏所绘为子贡和子路像，子贡在左，子路在右。子贡头戴小冠，面有短须，宽袖深衣长袍，侧身向右而立，面向子路，右手似握笔抬在胸前。子路衣襦，腰间束带，双脚跨立，小腿外露，穿圆头鞋。两臂外张，两袖飘动，双手向下，正作一种力度展示之姿。

最下一栏所绘为堂驷子羽和子夏，子夏在右，子羽在左。子夏戴小冠，穿长袍，双手展开竹简，正低头读简。子羽头向右侧，与子夏同看竹简。

另外在书写衣镜铭的镜掩背面，也绘有两位孔门弟子，他们是子张和曾子，也书有生平文字，但画面保存不佳（参见王意乐等《海昏侯刘贺墓出土孔子衣镜》，《南方文物》2016 年第 3 期）。

镜背画面三栏共绘六人——孔子与他的五位弟子，镜掩绘弟子二人，这七位都是孔子非常得意的弟子。

后世有孔门十哲和十二哲之说，指的是孔子最得意的诸弟子，被刘贺选出的五位就包括在十二哲之列，即颜回、子贡、子路、子张和子夏，另有子羽和曾子，他们的画像与孔子的画像一起，都出现在刘贺的衣镜上。

衣镜上不仅有画像，对孔子和弟子们的生平与言论还有文字表述。文字极简，一般是一人选定一个主题，主题相当鲜明。刘贺的选择，显然有深刻的思考，这面镜子，不仅照人，还要照

图22 子路像

心,他要以圣贤作则,检视自己的言行。

前面说到孔子的年龄节点,刘贺是由孔子的际遇思考多变的人生。后面又说到的这些弟子,他们的言行对刘贺也有诸多启示。如颜回,家贫不忧,好学不倦,"不迁怒,不贰过"。颜回与孔子心心相通的人生哲学"用行舍藏",一定让刘贺的心情逐渐有所平复。

又如子路,好勇力,性伉直,讲信义,重然诺,由先是凌暴孔子,到后来追随孔子,无人再敢欺慢孔子,子路屡次救孔子于危难。子路刑死前的豪言是:君子死,冠不免。三军可以夺帅,匹夫不可夺志。刘贺将"君子好勇无义则乱"这句孔子教诲子路的话写在衣镜上,可以想见他不仅在整理心绪,还要以义修身,完善自我。

子我,以言语著称,是少见的敢于冲撞孔子的弟子。孔子说居丧要以三年为期,子我却说:"三年之丧,期已久矣。君子三年不为礼,礼必坏;三年不为乐,乐必崩。"这样地振振有词,

图 23　子贡和子夏像

有时让孔子也难以辩解。当然，子我的内心对老师是无比敬佩的，他说过"以予观于夫子，贤于尧、舜远矣"这样的话，孔子的崇高在他眼里无以复加。

子贡，天生异相，仪表不凡，三岁即能知人之善恶。子贡利口巧辞，长于外交，有人赞"子贡贤于仲尼"，子贡视孔子如日月，他说"夫子之不可及也，犹天之不可阶而升也"。要赶上老师，如同想登天却找不到梯子。他为孔子守墓六年，对老师至恭至敬。天天可以看到这些赞美孔子的话，至圣孔子在刘贺心中，大概也是这样的高大吧。

子夏，入仕问政，孔子对他说："无欲速，无见小利。欲速则不达，见小利则大事不成。"子夏治学谨严，他课徒的成绩颇丰，门下有田子方、段干木、李悝、吴起、禽滑厘、商鞅，还有荀子、李斯、韩非等再传弟子。

子羽，长相丑陋，子游推荐他，却不受孔子待见。后子羽游学吴楚，追随者三百多人，影响很大，才德名扬诸侯。这让孔子

图 24　堂骀子羽和曾子像

非常感慨，说自己以谈吐判断错看了子我，凭长相判断又错看了子羽，"吾以言取人，失之宰予；以貌取人，失之子羽"。不以貌以言取人，真是不易做到的。

子张，才貌兼优，因文过饰非，孔子有过批评。孔子困于陈、蔡，子张问如何才能畅行无阻。孔子说，言语忠信，行为笃敬，蛮貊之邦也能畅行。子张恭敬地把孔子的这些话记在了衣带上。子张"尊贤容众"，不计较恩怨，存宽容之心，被称为"古之善交者"。

曾子在孔门弟子中地位原本不高，到明代时却被称为"宗圣"，地位仅次于"复圣"颜回。曾子师孔子，孔子孙孔伋师曾子，再传孟子，曾子上承孔子，下启思孟，承上启下，终与孔子、颜回、子思、孟子同称为"五大圣人"。曾子沉静稳重，谨慎谦恭，"慎终追远，民德归厚""吾日三省吾身"是他留下的宝贵精神遗产。刘贺推崇曾子，猜想他的衣镜上选写了这样的话，可惜看不真切了。

刘贺衣镜漆文记"孔子弟子颜回子赣之徒七十有七人，皆异能之士"。《史记》说孔子"弟子盖三千"。弟子有三千之多，这当然是一个约数，东周时代养士，常常有"食客三千"之说。孔门弟子又说"身通六艺者七十有二人"，或"受业身通者七十有七人"，这当然是比较出色的那一拨。刘贺衣镜上出现的七哲与孔子群像，人物个性色彩都很鲜明，与后世十哲也是一个很好的比照。

发掘者描述说，"衣镜上的孔子，儒雅、内敛、谦恭，以布衣形象示人……孔子弟子形象极具个性，传记上的他们各有成就但都崇拜孔子。孔子及其弟子形象刻画真实而生动……人物的呈现以肖像画的形式表现，线条简练，人物写实……其载体也较为特殊，为衣镜的镜框，为刘贺生前实用器，刘贺几乎天天都要面对这些圣贤"。

圣人与弟子出现在衣镜上的作用，以衣镜铭的说法是："临观其意兮不亦康，心气和平兮顺阴阳。"发掘者推断，"刘贺在废除帝位之后，通过阅读儒家典籍，时常瞻仰衣镜上的孔子像，学习其偶像孔子在逆境中的修为才能得到内心的平静"。这个说法很是中肯，刘贺是要以圣贤作则，以圣贤为镜，如果是先前言行不端，想象着从此洗心革面也未可知。

用行舍藏

未曾开言，先有一叹，为着那汉废帝刘贺。慨叹他被废黜后十多年的岁月，会是一种怎样的人生，又会有怎样的感悟。他感悟什么，与你我何干？又何从得知他的感悟？

本来，是不必操这样的心，也真的无从得知刘贺心中想的是什么。但也还是可以这样想：也许他并未曾有过登基的梦想，那皇位来也匆匆，去也匆匆，天地之遥，竟只在倏忽之间！运命的转折，是这样的干脆，干脆得让人回不过神来。二十七天的风光，说来就来，说去就去了，不悦，不解，不甘！那又如何，人世如此，宫闱如此，皇上又怎样？可以让你高高在上风光无限，也可以让你低三下四灰头土脸，皇上不过是人家手中的一颗棋子，也要受人摆布。当皇上也得任人摆布，真的是不好受。

前此写有一文，由墓中出土衣镜上的漆文，言及刘贺对孔子的态度，说他与孔子惺惺相惜，说他可能将孔子的话当座右铭。近日又看到写在衣镜上的另一些文字，它是独立出现的，也当是出自孔子。这些文字分作三列，据图片只能读出以下这几个字：

……颜回为淳……
……舍之则藏，唯我与……
……门人曰（日）益亲……

这三列漆文应当是三段话，均出自孔子语，而且均与弟子颜回有关。

第一句话中明确出现颜回，但尚未查到出处，或者是孔子已失传的言论，应当是肯定颜回的话。

第二句"舍之则藏……"，当出自《论语》中《述而》句，原文是：

> 子谓颜渊曰："用之则行，舍之则藏，惟我与尔有是夫！"

第三句"门人曰（日）益亲……"，当出自《孔子家语》，原文是：

> 颜回，鲁人，字子渊，少孔子三十岁。年二十九而发白，三十一早死。孔子曰："自吾有回，门人日益亲。"回以德行著名，孔子称其仁焉。

类似文字亦见于《史记·仲尼弟子列传》：

> （颜）回年二十九，发尽白，蚤死。孔子哭之恸，曰："自吾有回，门人益亲。"鲁哀公问："弟子孰为好学？"孔子对曰："有颜回者好学，不迁怒，不贰过。不幸短命死矣，今也则亡。"

注意，两个文本中文字的一个关键区别，《孔子家语》写的是"门人日益亲"，《史记·仲尼弟子列传》写的是"门人益亲"，仅这一个"日"字的差别，我们就可以判断衣镜漆文是出自《孔子家语》，虽然这书后来散佚了。还要注意的是，漆文将"日"写成"曰"，这也许不算是个错，但它一定是要念成日，组合成"日益"。

值得注意的是，这样并列的漆文孔子三语，不至于分别有不同的来源，是《家语》还是《论语》？前者已佚，传至当今的后者也未必是原来的全本，笔者倾向于都是《论语》中的文字，等待识者考论。

以下是发掘者整理的颜回相关的漆文：

孔子弟子曰颜□（回），字子渊，少孔子卅岁。

颜回问仁，子曰："克己复礼为仁。一日□（克）己复礼，天下归仁焉。为仁由己，而由人乎哉？"颜渊□（曰）："请问其目。"子曰："非礼勿视，非礼勿听，非礼勿言，非礼勿动。"颜渊曰："回虽不敏也，请事此语也。"

颜回渭然□（叹）□（之）曰："仰之弥高，钻之弥坚，瞻之在前，忽焉在后。夫子循循然善诱人，博我以文，约我以礼，欲罢不能，□□□□□□□□□（既竭吾才，如有所立卓尔。虽欲从）之也，无由也已。"

孔子曰："颜回为淳仁□直。"

子谓颜回曰："用之则行，舍之则藏，唯我与尔有是夫！"

孔子曰："自我得回也，门人日益亲。"

颜渊向孔子问"仁"，孔子说："能够战胜自己的私欲，让自己的行为回到礼的规范上，就是仁。如果大家都这样做，天下就会回复到礼了。仁是每个人对自己的要求，不能总是要求别人去做。"具体又该怎样做呢？孔子的回答是："不合乎礼的不看，不合乎礼的不听，不合乎礼的不说，不合乎礼的不做。"颜回自然是非常佩服老师的，说夫子高大坚韧，博文约礼，跟着他走，没错。

由这些文字来看，不仅颜回爱孔子，孔子也非常喜欢颜回这个弟子，难怪"复圣"这样的荣誉，非颜回莫属。

当然最引人注意的，还是这列"用之则行，舍之则藏"的漆文，这是孔子的格言，看来刘贺是将它作为自己的座右铭了。

孔子对颜渊这么说，人家用咱，咱就好好干；不用呢，咱就隐着。只有我和你，可以做到这一点。

用之则行，舍之则藏。后来有了成语"用行舍藏"或"用舍行藏"，这是儒者提倡的出仕、退隐和入世、出世的人生哲学。在《论语》中还可以读到孔子更多类似的话，如"天下有道则见，无道则隐"（《泰伯》）；"邦有道则仕，邦无道则可卷而怀之"（《卫灵公》）。世道不光明，咱就卷起铺盖走人，不跟你玩儿了还不成？

"用之则行，舍之则藏"。孔子在表扬颜回的同时，也肯定了自我。他喜欢颜回，这弟子是一个铁杆粉丝，他们的心是相通的。

《论语》中可以读到孔子欣赏的七位隐士。子曰："贤者辟世，其次辟地，其次辟色，其次辟言。"子曰："作者七人矣。"孔子说："贤者遇到乱世会避开，其次遇到是非之地会避开，再次看到别人的脸色不好会避开，更次是听到不好的言辞会避开。"孔子说他知道能够做到这样的有七个人，这七人指《论语》中出现的长沮、桀溺等七位隐士。隐者，藏也。

对于刘贺这个废帝来说，在衣镜上独立书写孔子格言，最主要的用意，也许还是为着用圣人的说教慰藉自己。人家不让咱当皇上了，"舍之则藏"，没什么大不了的。在不讲理的世道，隐吧。

用之则行，舍之则藏，一定是刘贺最好的自我抚慰。读罢圣人书，领受圣人教诲，海昏侯刘贺的心里，是不是会觉得平静一些了呢？

用行舍藏这一孔子的人生哲学，对于这世上自我感觉非常强大又怀才不遇的一些人，是必不可少的慰藉。

谨言慎行，宽容自省

刘贺的"屏风"，其实是一面大方立镜，这是极罕见的古代

图 25　衣镜背板上的子张言论文字

穿衣镜。衣镜的背板，绘有孔子及弟子像，也书写有师徒的行迹与语录。这里要提到的"子张答问录"有关子张其人其语，它是怎样扰动了刘贺的心绪呢？

镜背板书写与子张有关的文字，应是出自《论语·为政》和《论语·子张》，与今本略有出入。

先录文字如下：

孔子弟子曰颛孙师，陈人，字子张，少孔子□八岁。子张问干禄，孔子曰："□□□□（多闻阙疑），慎言其余，则寡尤；多见阙殆，慎行其余，则寡悔。言寡尤，行寡悔，禄在其中矣。"

子□□□□□□□（夏之门人问交于）子张。子张曰："子夏曰何？"对曰："子夏曰：可者与之，不可者距之。"

子张曰:"异乎吾所闻:君子尊贤而□□□□□(容众,嘉善而矜)不能。我之大贤兴,于人何所不容?我之不贤与,人将距我,若之何其距人也?"

《论语》今本文字如下,可两相比照:

子张学干禄,子曰:"多闻阙疑,慎言其余,则寡尤;多见阙殆,慎行其余,则寡悔。言寡尤,行寡悔,禄在其中矣。"《论语·为政》

子夏之门人问交于子张。子张曰:"子夏云何?"对曰:"子夏曰:'可者与之,其不可者拒之。'"子张曰:"异乎吾所闻:君子尊贤而容众,嘉善而矜不能。我之大贤与,于人何所不容?我之不贤与,人将拒我,如之何其拒人也?"《论语·子张》

衣镜上将两节文字连续书写,前面有介绍子张姓氏、籍贯、年龄的文字,见于《史记·仲尼弟子列传》。子张的籍贯,文献记述也有不同,是鲁是陈,未有定论。这里写的是陈人,也许是取《史记》之言。

子张问干禄,子夏门人问交际,问与答都是在讲为人处世的道理。第一节讲的是多闻谨言慎行,第二节强调自省宽容,这些做好了,各方面的关系就处理好了。

子张还有一个特点,就是"禹行而舜趋",这是《荀子》中批评子张的话,说是一种"贱儒"品格。更有研究者将其引申为"犯而不校"的体现,就是当受到别人攻击与欺侮时,不加计较。如禹之父鲧为舜诛戮,可禹却臣服于舜。舜之弟象怙恶不悛,而舜还封他到有象。这就是"犯而不校"的楷模,子张氏之儒模仿他们，亦步亦趋。

子张是孔子看重的弟子之一，有"亚圣之德"，他性格开朗豁达，广交朋友，被后世立为榜样。唐代尊子张为"陈伯"，宋代又尊为"陈公"。统治者为着秩序有常，用子张言事，也是动了几番脑筋的。

刘贺写出孔子与子张的语录，意义何在？不用细说，这是让人很容易想到的，他想的应当是反省自己的失误。刘贺丧失帝位，很大程度上是自己的言行不谨慎的结果。一个二十不到的毛头小子，突然登上崇高的帝位，天上掉下的馅饼太大太重，他被砸晕了。新官上任三把火，他不足一月点了一千多把火，火烧到了自己，这个教训太惨痛了。

痛定思痛，于是就造了这面镜子，写了这些语录，照照镜子，念念圣人语录，心里也许会平复一些吧。

可是，尽管刘贺心存谨慎，却还是出了一些错。在海昏国食邑四千户，却因与一个卒史孙万世来往，谈论了帝位被废除后的不甘，被宣帝诏令削去三千户食邑。也许就在这时，他嘱人帮他造了那面大立镜，写上"子张答问录"时刻警醒自己。

可是天公不作美，病笃的刘贺很快就丢了性命，那面大立镜就随葬到了他的墓穴中，与他的魂灵做伴去了。

"其生也荣，其死也哀"

端木赐，子赣，又称子贡。衣镜上有关他的文字如下：

孔子弟子曰端木赐，卫人也，字子赣。少孔子卅一岁。

子赣为人，结□□（驷骥）财，□□□□。既已受业，问曰："有一言可以终身行之者乎？"孔子曰："其恕乎！己所不欲，勿施于人。"

陈子禽问子赣曰："子为恭也，中尼岂贤与子乎？"子赣曰："君子一言以为知，一言以为不知，不可不慎也。夫子之不可及，犹天之不可陛升也。夫子之得国家者，可胃立之斯立，道之斯行，馁之斯来，动之斯和。其生也荣，其死也哀，如之何其可及也？"

右子赣。

《史记·仲尼弟子列传》载：

端沐（木）赐，卫人，字子贡。少孔子三十一岁。

子贡利口巧辞，孔子常黜其辩。问曰："汝与回也孰愈？"对曰："赐也何敢望回！回也闻一以知十，赐也闻一以知二。"

子贡既已受业，问曰："赐何人也？"孔子曰："汝器也。"曰："何器也？"曰："瑚琏也。"

陈子禽问子贡曰："仲尼焉学？"子贡曰："文武之道未坠于地，在人，贤者识其大者，不贤者识其小者，莫不有文武之道。夫子焉不学，而亦何常师之有！"又问曰："孔子适是国必闻其政。求之与？抑与之与？"子贡曰："夫子温良恭俭让以得之。夫子之求之也，其诸异乎人之求之也。"

子贡问曰："富而无骄，贫而无谄，何如？"孔子曰："可也；不如贫而乐道，富而好礼。"

《论语·子张》载：

> 陈子禽谓子贡曰:"子为恭也,仲尼岂贤于子乎?"子贡曰:"君子一言以为知,一言以为不知,言不可不慎也。夫子之不可及也,犹天之不可阶而升也。夫子之得邦家者,所谓立之斯立,道之斯行,绥之斯来,动之斯和。其生也荣,其死也哀。如之何其可及也?"

这位陈子禽,是孔子的弟子陈亢,他拍马子贡,说子贡比孔子还贤能。子贡一听,知道子禽并不理解孔子的道德学问,便开导他说,君子说话,听一言就能使人觉得他有智慧,相反听一言也会使人觉得他没有智慧,所以说话不可不谨慎,不能妄议。

"夫子之不可及也,犹天之不可阶而升也。"这是赞扬孔子的道德学问像天那样高不可及,我们是找不到阶梯升上这重天的。子贡还引用"立之斯立,道之斯行,绥之斯来,动之斯和,其生也荣,其死也哀"这几句古时赞颂圣人的成语,称赞孔子德行之广大。这样的人"其生也荣,其死也哀",民众就会爱戴他。孔子的高度,"如之何其可及也?",无人能赶得上他。

刘贺将这些赞美孔子的话写在衣镜上,表明他对孔子怀有的特别敬意。

有人说,没有子贡,就不会有孔子。司马迁作《史记·仲尼弟子列传》,对子贡所费笔墨最多,就篇幅而言其传记在孔门众弟子中是最长的。这个现象说明,在司马迁眼中,子贡是个极不寻常的人物。我们循着司马迁的思路,再细细阅读《论语》等书,便可看出子贡这个人物非同寻常。他的影响之大、作用之巨,是孔门弟子中无人所能企及的:他学绩优异,文化修养丰厚,政治外交才能卓越,理财经商能力高超。在孔门弟子中,子贡是把学和行结合得最好的一位。

以言取人和以貌取人

在刘贺衣镜上见到澹台灭明，似乎是个意外。有关漆文如下：

孔子弟子曰堂骀（澹台）灭明，武城人，字子羽。□□□□□□□□（少孔子三十九岁，状貌）甚恶。欲事孔子，孔子以为材薄，曰："然，乌得扬□。"□（既）已受业，退而修行，行不由径，非公事不见□□（卿大夫）。□□□□□□（南游至江，从弟）子三百人，设□□取予去就，□□□□□□□□（名施乎诸侯。孔子闻之），曰："甚乎哉！"

丘之言取人也。宰予字□□□□□（子我，利口辩辞），以为可教，既已受业，修于学□，□□其稽，不可滁也。宰予问五帝之德，□□□□□□□□□①（子曰："予，非其人也。"宰予为）临淄大夫，与田常□乱死□□□□□□②（夷其三族。孔子闻之曰："吾以貌取人），失之子羽；以言取人，失之宰予。"

右堂骀子羽。

《史记·仲尼弟子列传》载：

澹台灭明，武城人，字子羽。少孔子三十九岁。

状貌甚恶。欲事孔子，孔子以为材薄。既已受业，退而修行，行不由径，非公事不见卿大夫。南游至江，从弟子三百人，设取予去就，名施乎诸侯。孔子闻之，曰："吾以言取人，失之宰予；以貌取人，失之子羽。"

堂骀灭明即澹台灭明，名灭明，字子羽，小孔子 39 岁。追随孔子，孔子却因他长相丑陋，判断他没多大才能。是子游向孔子举荐了澹台灭明，说他做事从不走捷径投机取巧，为人光明磊落。澹台灭明游学吴楚，弟子有三百多人，才德传扬诸侯国。这样的成就让孔子发出了"以貌取人，失之子羽"的感叹，也是少有的自责。

澹台灭明去世后，几地争相立碑祭祀，传南武城（今山东省平邑县）、咸平（今河南省通许县）和豫章（今江西省南昌市）都有他的墓址。据考证，澹台灭明应该葬在吴地，墓址很可能就在南昌，清乾隆《南昌县志》有载，宋南昌有人立碑题为"鲁澹台子羽之墓"。

如此想来，刘贺推崇子羽，也许是要表明人不可貌相的意思。当然更重要的是，子羽葬在南昌，刘贺得便亲往墓冢凭吊也是有可能的。

又有子我因为辞令，让孔子心生不快，孔子后来也有"以言取人"的自责。子我问过孔子一些比较难于回答的问题，孔子曾评价这弟子是"朽木不可雕也"，不过后人还是给了子我"孔门十哲"的地位。

刘贺在衣镜上列入这二位孔门弟子，要表述的意思应当是不可以言取人，亦不可以貌取人，这也是孔子用自我检讨的方式发出的告诫。

言而有信

刘贺衣镜上书写的有关子夏的漆文，是所有文字中保存最好的，发掘者一字未落地录出全文：

孔子弟子曰卜商，卜商字子夏，少孔子廿四岁。

子夏问："'巧笑倩兮，美目盼兮，素以为绚兮'，何胃也？"孔子曰："绘事后素。"曰："礼厚乎？"孔子曰："起予商也，始可与言《诗》已。"

子夏曰："贤贤易色，事父母，能竭其力；事君，能致起身；其友交，言而有信。虽曰未学，吾必胃之学矣。"

子夏曰："博学而孰记，切问而近思，仁在其中矣。"

孔子殁，而子夏居西河，致为魏文侯师。

右子夏。

由《史记·仲尼弟子列传》，读到有所区别的文字：

卜商字子夏，少孔子四十四岁。

子夏问："'巧笑倩兮，美目盼兮，素以为绚兮'，何谓也？"子曰："绘事后素。"曰："礼后乎？"孔子曰："商始可与言《诗》已矣。"

……

孔子既没，子夏居西河教授，为魏文侯师。其子死，哭之失明。

下面的文字见于《论语·学而》：

子夏曰："贤贤易色。事父母能竭其力，事君能致其身，与朋友交，言而有信。虽曰未学，吾必谓之学矣。"

子夏亦为"孔门十哲"之一，他才思敏捷，以文学著称。这里引述子夏问《诗经》中"巧笑倩兮，美目盼兮，素以为绚兮"

61

一句,孔子答"绘事后素",他得出"礼后乎",指仁义生礼乐,得到孔子的称赞,认为与子夏可以谈论《诗经》了。

子夏才气过人,《论语》中可以读到他的许多名言,如,"博学而笃志,切问而近思,仁在其中矣",又如"仕而优则学,学而优则仕",等等。

孔子去世,子夏至魏国西河讲学,还当过魏文侯的老师,培养了许多人才。

衣镜上引录的子夏言论,主要是对礼乐的理解,特别有对事父母、事君和交友所持的德行的理解,表明刘贺之于修身的思考。特别是交友要"言而有信",不知是否特指什么事理而言。

子夏后来还因丧子痛哭而失明,这一事虽记入《史记》,但衣镜上却没有写入,或许刘贺有所忌讳。

"君子好勇无义则乱"

孔子的弟子中,子路算是比较特别的一位。先来看漆文内容:

孔子弟子曰中(仲)由,卞人,字子路。□□□□□□□(少孔子九岁。子路性)鄙,好勇力,(志)伉直,冠雄鸡,配佩豭豚,陵暴孔□(子)□□□□孔子教设□艺,稍诱子路,子路后儒服委质,因门人请为孔子弟子。

既已受业,问曰:"君子好勇乎?"孔子曰:"君子义之为上。君子好勇无义则乱,小人□(效)则为盗。"

孔子曰:"自吾得由也,恶言不闻吾耳矣。"

右子路。

《史记·仲尼弟子列传》中的文字是这样的：

> 仲由字子路，卞人也。少孔子九岁。子路性鄙，好勇力，志伉直，冠雄鸡，佩豭豚，陵暴孔子。孔子设礼稍诱子路，子路后儒服委质，因门人请为弟子。
>
> 子路问政，孔子曰："先之，劳之。"请益。曰："无倦。"
>
> 子路问："君子尚勇乎？"孔子曰："义之为上。君子好勇而无义则乱，小人好勇而无义则盗。"
>
> ……
>
> 孔子闻卫乱，曰："嗟乎，由死矣！"已而果死。故孔子曰："自吾得由，恶言不闻于耳。"

子路刚强直爽，常用些奇异装束以示勇力，还屡屡冒犯孔子。他为人伉直鲁莽，批评孔子也不客气，但勇于改错，得到孔子器重。子路为人勇武，信守承诺，他一生追随孔子，护卫孔子，孔子周游列国期间，子路屡次救孔子于危难。后人称其德其行如日月在天、江河行地，他也位列"十哲"。

子路为卫国蒲邑宰，遇卫国政变，他护主寡不敌众，被乱刀剁成肉酱。子路死前慷慨陈言：君子死，冠不免。三军可以夺帅，匹夫不可夺志！孔子闻之悲痛不已，从此再不食肉糜。

从刘贺衣镜上看到的子路形象，是一位气势威武的铮铮之士。孔子教给他君子好勇义字当头的道理，无义之勇非乱即盗。刘贺在衣镜上表现子路，也许表达了渴求勇士的心境，当然在那样的处境中，只不过是一个幻梦而已。

肆　人伦

"妾待"是谁？

在公布海昏侯墓的墓主是刘贺的同时，媒体还披露了一些新的出土资料，其中有一枚木牍，是给太后的上书，在木牍上会见到下面这些文字：

妾待昧死
再拜
上书
呈大后陛下

又见另一木牍，能看到的内容并不完整，这样写着：

海昏侯夫人
妾待昧死

这书是上给大后的，大后即太后，她是权臣霍光的外孙女，汉昭帝年轻的皇后上官氏。她五岁时当了皇后，十五岁守寡当了太后，给她上书的这个时候也不过二十五岁左右吧。这些文字，只是上书的一个封皮，上书的内容并不知晓。上书者是个女性，看文字之秀丽便能断定她的教养之高，当然假设这是她亲笔所书，没有捉刀人。

上书者是什么人？是"海昏侯夫人"。海昏侯妻妾是不少的，这个上书太后的夫人，按理是正妻，那她是谁，留下名姓了吗？

再看木牍，应当是名姓之处出现的却是"妾待"二字。妾是女人对尊者的谦卑自称，那这个"待"有可能是夫人的名字。

图26 海昏侯墓出土木牍

但是,问题并不这么简单。夫人,对帝王而言是妾,如《汉书·外戚传序》:"汉兴,因秦之称号,……妾皆称夫人。"不过,在汉代列侯之妻也称夫人,《汉书·文帝纪》载:"令列侯太夫人、夫人……无得擅征捕。"颜师古注引如淳曰:"列侯之妻称夫人。列侯死,子复为列侯,乃得称太夫人……"

刘贺之夫人,理当是正妻,名"待",是何姓不得而知。不过他原本的正妻是有名姓的,并不是这个"待"。也许,正妻不在了,这一位候补上了位。

还要说说这"妾待"。这也有可能是一个完整的称呼,并非人名。或者说这是一个角色,"妾待"是个什么角色呢?

妾待,是否同于妾侍?古时妾侍,指未经正式缔结婚姻的侍女,是没有经过六礼中的任何一礼纳入的人。但妾侍的地位略高于卖身的仆佣。妾侍没有人身自由,可以买卖或赠送。妾侍有了孩子可以升为侧室,却没有抚养自己孩子的权利,子女也不必将其当长辈赡养。这是个很悲催的角色，拥有妾侍，也是特权社会的特有情状。

妾侍是一个特别的角色，文献最早见于《南齐书·张敬儿传》，内有"妾侍窃窥笑"一语。在《新唐书·李珏传》中说，李珏"性寡欲，早丧妻，不置妾侍"。这里妾侍的意思就非常明白了，这个角色与正式婚姻无关。

汉代的情形，只见到有文字叙述傅昭仪时，提到妾侍一称，说傅昭仪年轻时为上官太后（上官皇后）的才人，汉元帝为太子时，傅氏成为妾侍。汉元帝即位，宠爱有加，立为婕妤。但查《汉书》本传，却并无"妾侍"一说。

如果可以这么理解，说明刘贺墓中出土木牍提示妾待（侍）这角色也许在汉代是存在的，这个词也弥补了文献之不足。

向太后上书的侯夫人，原本可能是妾待，她也许是因着机缘地位上升了。据《汉书》刘贺本传所述，山阳太守张敞奉宣帝密令常去侦探废帝刘贺的动静，他报告说刘贺有妻十六人，子二十二人，其中十一男，十一女。这里面水分不小，不可全信。妻子留下名姓的只有严延年的女儿严罗紨一人，应是正妻，生有一女名持辔，这是刘贺跪着告知张太守的："持辔母，严长孙女也。"严延年字长孙。而且张太守的报告中特别强调严罗紨"前为故王妻"，看来这正室在昌邑已经离世，那后来给太后上书由某妾待出面，也就比较好理解了。

严延年何许人也？治民有方，酷吏一枚，曾上书弹劾霍光擅自废立皇帝刘贺，胆子也真是不小。历任几郡太守，因法令严峻而著名，也正因为如此，后为身旁人举报，处弃市极刑。严延年能将女儿许配刘贺，他作为霍光的对立面行世，似乎也可以理解吧。

长子充国之梦

海昏侯刘贺病逝，留下的侯位要由他的儿子继承，是为第二代海昏侯。

据《汉书·武五子传》记载，刘贺有"妻十六人，子二十二人，其十一人男，十一人女"，这一众人，留下名字的只有三四人而已。

长子刘充国，是刘贺的嗣子，是继承海昏侯位的首选。可是，他并没有这个机会。史称"海昏侯贺死，上当为后者子充国；充国死，复上弟奉亲；奉亲复死，是天绝之也"。兄弟俩在短期内相继死去，都没有来得及继位。

还是《史记》上说的，江南之地，不利于男子生存，尤其是由北迁南的男子，凶多吉少。司马迁的原话是："江南卑湿，丈夫早夭。"（《史记·货殖列传》）《淮南子·地形训》也说："南方阳气之所积，暑湿居之，其人……早壮而夭。"贾谊被贬谪长沙，以为到那里必死无疑，"长沙卑湿，自以为寿不得长"（《史记·屈原贾生列传》）。许多贬官都不愿意到南方去，宁可多降几级，也要留在北方。

刘贺一大家子迁往海昏，到江南，到鄱阳湖边，当然是卑湿之地。刘贺没几年就去世了，紧接着两个稍大的儿子也死了，显然是水土不服，南土不宜男人，与《史记》的说法相吻合。

刘充国和刘奉亲两兄弟，是紧随着刘贺死去的，按常理他们是埋葬在同一个墓园。在刘贺墓园的考察中，与刘贺墓同时发现的有几座墓，经判断应属于他的夫人和儿子。夫人和儿子合计有三十多人，这个墓园容不下这么多的墓，应当在附近还会建有另外的墓园。不过有分析认为，夫人和刘充国与刘贺埋葬在同一个

图27 刘充国印

墓园,这次考古发现证实了这一点。

距海昏侯墓不远的五号墓,位于墓园北部,处在刘贺墓的正北方向。墓主人腰部左侧,出土一枚铜印章,龟纽,印文为"刘充国印"。

刘充国墓室平面呈"甲"字形,带斜坡墓道。墓内一棺一椁,椁室出土青铜器、玉器、陶器等100多件,棺内随身有金器、玉器、铜器和漆器等,同刘贺一样身下也垫有琉璃席。头下有玉圭、玉枕,颈部有玉组佩,腰部有玉带钩、玉觽、水晶、玛瑙、铜印、玉具剑、书刀和马蹄金,足部有3个青铜小罐,遗骸上另盖有大小玉璧。

发掘者由墓主足部发现的几个青铜小罐推测,可能是刘充国生前用来盛水或者装沙子的玩具。墓中另外还有一组玩具是4件兽形青铜玩具,分别为虎、大角羊、野猪和绵羊的造型,虎形为一辆玩具车,虎爪下有轮,虎颈下有孔可穿绳牵引。综合考察认定,刘充国死时尚未成年,而且可能死在刘贺之前。

报道说,根据出土玉枕、颈饰、腰饰等的位置,有专家判断墓主人是13—15岁的孩童,墓中出土的若干玩具也可印证这一点。刘充国是否死在他父亲之前,他真的是13岁多的孩童吗?如果稍作考查,可知刘充国出生的时间,不会晚于刘贺被废黜后太久，或者可能在他登基之前。

地节四年（前66），张敞到刘贺在昌邑的家里探查，看到的"故昌邑王"二十六七岁，身患重病，行走不便。张敞还看到了刘贺与严延年之女罗紨所生女持辔，说刘贺有"妻十六人，子二十二人，其十一人男，十一人女"。也就是说，刘贺下野后的六七年间娶了这么多妻妾，生下了这么多孩子，这里面当然包括刘充国和刘奉亲两兄弟。

《汉书》说到罗紨为严延年之女，"前为故王妻"，似在刘贺登基之前即已迎娶。那时岳丈严延年任侍御史，兴许就是那会儿成就了这门亲事，也就很快生下了嫡长子刘充国。当然，我们会问当时的婚龄如何，可以这样早婚生子吗？

查《后汉书·桓帝纪》说："建和元年（147）秋七月乙未，立皇后梁氏。"桓帝十五岁即位，大婚时为十六岁。又《后汉书·灵帝纪》说："建宁四年（171）四月癸丑，立贵人宋氏为皇

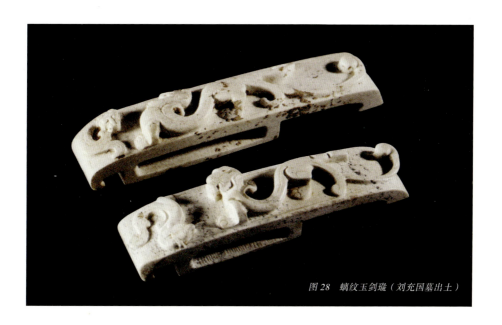

图28　螭纹玉剑璏（刘充国墓出土）

图29 "关内侯印"金印（汉 湖北云梦出土）

后。"灵帝于建宁元年（168）即位，年十二，大婚时年十五。皇族婚龄还有更低者，如昭帝、平帝都在十岁以下成婚。所以杨树达先生在《汉代婚丧礼俗考》中考明，汉代婚龄是男子十五六岁，女子十三四岁。这样看来，刘贺初婚更有可能是在十五六岁之时，这个年纪在当时已经算是成年人了。

十八岁登基时的刘贺，很可能已经有了子嗣，这个孩子就应当是刘充国。如果他是在刘贺去世不久后死去的，其生年不大于十八岁，也不会小于十五岁，这在当时也算是成年人了。

又由出土龟纽印章看，这不是常人所拥有的标配，更不是一个孩子所用的东西。汉代丞相、列侯、将军等所用的名章印纽都是龟纽，其他俸禄二千石以上官吏印纽也是龟形，低级官吏不得用龟纽名章。刘充国拥有龟纽名章，虽不能表明他有什么特别身份，但至少说明他得到的待遇已经不是一个孩子所拥有的了。

另外，我们还注意到，刘充国殓葬使用了带钩，其中包括非

图30　玛瑙带钩（刘充国墓出土）

常精致的红玛瑙带钩，这是表明他已届成年的又一个重要依据，说明他已经行过了成年礼，腰中束带是个重要象征。

在那个时代，束带礼是冠礼的一个内容，古代的惯例是男子二十而冠，适时会冠带相加。据《礼记·冠义》说："成人之者，将责成人礼焉也。责成人礼焉者，将责为人子、为人弟、为人臣、为人少者之礼行焉。将责四者之行于人，其礼可不重与？"通过行冠礼，一个男子从此转变为社会中的成年人，提醒他要成为合格的儿子、弟弟、臣下和晚辈，如此才可以称得上是人了，冠礼是以成人之礼来要求人的礼仪。《礼记·内则》说，十五岁称为"成童"，开始习射和御车。《礼记·曲礼》说"男子二十冠而字"，行成年礼。

当然，冠礼的执行年龄是可以变通的，有时是根据需要而定，年十五的束带即束修礼，并没有单独进入古礼的文献记述，或者它并不是什么规定的仪礼，只是一种象征性的比喻。汉桓宽《盐铁论·贫富》说:"余结发束修,年十三,幸得宿卫,给事辇毂之下。"他经历的束修之礼,是在十三岁。《后汉书·延笃传》说:"且吾自束修以来,为人臣不陷于不忠,为人子不陷于不孝。"李贤注:"束修,谓束带修饰。"束带指束修,束修并不是通常理解的干肉。

刘充国已经挂钩带,这是他成年的又一重要标志。与此相关的还有更重要的一点,在随葬品中看到刘充国已戴佩剑,貌似是长剑。佩剑要钩挂在腰带上,已经佩剑了,当然就不能说他还是一个孩子。

汉以前,官与民都可佩剑。《史记·秦本纪》说,秦简公"六年,令吏初带剑","其七年,百姓初带剑"。因为成年贵族男子佩剑成风,佩剑与冠礼一样,渐为成人礼仪式。汉代时佩剑更成风气,据《后汉书·舆服志》说,"公卿以下至县三百石长导从,置门下五吏,贼曹、督盗贼功曹,皆带剑"。

刘充国已然佩剑,而且是以玉为饰的玉具剑,恐怕不能只当他是个会玩过家家的孩子了。

于国于家,两兄弟未及担当,真的是白许了这充国和奉亲的大名了。这名字留下的,也只是一个刘贺的梦境而已。

小女持簪

在海昏侯墓满目金光闪闪的出土物品中,有一些不受待见的小对象。虽然也被摆在同样的玻璃展柜里,它们却很少进入观者的镜头,媒体也顾不上谈论它们。这其中就有不华丽也不奇特的青铜马具,不过就是一些简单的环扣,而且是锈迹斑驳,不显艺

图 31　青铜马衔、马镳

术,更不显高贵,所以吸引不了观者的眼球。

刘贺墓陪葬有车马,这些马具原本是马身上的装备,马骨已朽,只剩下它们来见证王侯马奔车驰的景致了。

古代役马,马身从头到尾都有装置与装饰,以马头部位最是讲究。马头上的附件虽多,但要紧的是马衔,它是青铜铸成的两个连环,横衔在马嘴里,所以称作马衔。其实它是个折磨马的玩意儿,衔着它,马就不能咀嚼了,遇到什么东西想吃,那是吃不到的。马衔后来还有一个名字,叫马嚼子,其实是嚼着它,别的什么都别想嚼了。

与这马衔配套使用的,还有马镳,一边一件夹住马腮。然后再加上笼头,系上缰绳,这一个套装古时称为辔,马辔、辔头,就是这物件。

我们在出土品中既见到有马衔,也见到有马镳,马辔的主要配件就都有了。马辔组装的情形，从秦始皇陵陪葬坑出土铜马上可以看得很真切，一匹匹马如此武装起来，真想不出它会有什么感受，总不会那么惬意的吧？

翻检《现代汉语词典》，"辔"字被解释为"驾驭牲口用的嚼子和缰绳"。北朝《木兰辞》中的句子，"愿为市鞍马，从此替爷征。东市买骏马，西市买鞍鞯，南市买辔头，北市买长鞭"，说全了一匹马的行头。不过，当兵的要自己去买马，还要买辔头，真是不能相信有这样的规矩。

辔在《诗经》中就能读到，《邶风·简兮》："硕人俣俣，公庭万舞。有力如虎，执辔如组。"又《郑风·大叔于田》："执辔如组，两骖如舞。"说驭手们威威武武，执辔催马，马奔如舞。

本来看到刘贺墓的马辔就若有所思，思想起一个人来，这是一个由公主位置上跌落下来的人，她的名字就叫作"持辔"，这持辔不就是执辔吗？持辔是何等人氏，她就是刘贺的女儿！

持辔为何是女儿身？一个女孩儿，取这样的名字，用意何在？

据《汉书》所记，地节四年（前66）九月中，太守张敞亲到故昌邑王宫察看刘贺境况。他写给汉宣帝的调研报告提到，臣与故王坐在庭中谈话，当我看到他的孩子持辔时，故昌邑王跪在地上说，持辔的母亲，就是严长孙的女儿。

刘贺那个叫持辔的女儿刘持辔，只在《汉书》里出现了这一下。她长什么样？看看出土的汉代陶俑，也许可以想象出来一个画影。不过，她的模样不必去打探了，倒是她的名字，让人又生出莫名的慨叹来。

说到持辔，读到《诗经》，又想到了《孔子家语》中《执辔》一篇来。持辔与执辔，没什么不同，倒是那持辔女的取名，更让人觉得有些与众不同。

《执辔》篇记孔门弟子闵子骞向孔子问政，是孔子治国之道

图32　秦代铜车马（秦始皇帝陵博物院复制品）

的集中表述。孔子说，为政治国应"以德以法"，孔子将治国形象地比喻为驾驭马车，而把德法看作御民的工具，他说："夫德法者，御民之具，犹御马之有衔勒也。君者，人也；吏者，辔也；刑者，策也。夫人君之政，执其辔策而已。"

想起老子的话，说"治大国若烹小鲜"。孔子却说，治国如骑马驾车。一个拿大厨说事，一个以驭手作比，都很明白。在《执辔》中，孔子以"辔"喻吏，以"策"喻刑，君主不过是"执其辔策而已"。古时天子们以内史为左右手，以德法为衔勒，以万民为马，从而执其辔策"御天下数百年而不失"。

在孔子看来，"善御马者"，重点应放在"均马力，和马心"上，可收"口无声而马应辔，策不举而极千里"之功。以此相比照，孔子说："善御民，壹其德法，正其百官，以均齐民力，和安民心。故令不再而民顺从，刑不用而天下治。"又说："不能御民者，弃其德法，专用刑辟，譬犹御马，弃其衔勒，而专用箠策，其不制也，可必矣。夫无衔勒而用箠策，马必伤，车必败。无德法而用刑，民必流，国必亡。治国而无德法，则民无修；民无修，则迷惑失道。"

将治国比喻为驭马驾车，天子总辔以治国，在《孔丛子·刑论》中也能读到。与卫将军文子对话，孔子将"礼"与"德"看成驾车时的马辔、衔勒，他说："以礼齐民，譬之于御则辔也；以刑齐民，譬之于御则鞭也。执辔于此而动于彼，御之良也；无辔而用策，则马失道矣。"又说："吾闻古之善御者，执辔如组，两骖如舞，非策之助也。是以先王盛于礼而薄于刑，故民从命。"

由执辔竟生出治国的大道理，圣人之言，刘贺心领神会，这个认识应当是被废黜后得出的。

刘贺为他的女儿取这样一个特别的名字，也许并非希望她将来能担当大任，或许是寄望未来的女婿。更或许并非如此，这原本是他的一个梦，梦中驾着那辆高头大马拉着的大车，去潇潇洒洒驰骋万里。

儿女的名字是父母的希冀。但是刘贺没有如愿，小女持辔的命运也可以想象得到，机会再也没有了。

大刘家的印怎么读

据报道，海昏侯墓中发现一枚玉印，这让发掘者有些欢欣鼓舞，它虽然进一步证实此墓属刘氏无疑，但并不能确认是哪一位

图33：大刘记印

大刘。这"大刘记",也许指的是皇家之记,是专称,如果别的什么刘家,恐怕就不能这么"大"了。

让人不解的是,很明确的四个字,我们最初的认读却出现了问题,媒体报道写作"大刘印信",后来也有"大刘记印"的认知。也许应当认作"大刘信印",不取回文结构的读法?

其实应当读作"大刘记印",那个被认作信的字是"记"无疑,我们并没有见到信字的偏旁"亻",而且即使将那蚯蚓似的一笔认作"亻",那它也站错了左右位置。

信与记两字小篆区别明显,其字形有很明显的区别。

反过印来,看看印文正字如何:

是记,是信?记也,一目了然。又见到熊长云先生考证此印的专文,那个"记"字确认无疑。

又见某媒体爆料,墓中出土金饼上见"臣贺"字样,墓主是刘贺的推断又有了新证。不过,这又提出了一些问题,称臣的刘贺,臣服是何时?臣服的是哪一帝?

刘家怎么有个李家杯

海昏侯墓已经发现的铜器、玉器和漆器中,都有耳杯。耳杯可以是饮器,也可以是食器,在秦汉之际的贵族餐桌上,是时兴的家什。这次所见的耳杯有的非常精美,有的还附有文字,藏着一些故事。

发掘中,在一方棋盘的附近,可以看到一个倒置的漆耳杯,黑漆红纹,很是精致。在它底部中央,用黄色书写两个字,"李×",后一字不清楚,是李家或李具的可能性较大,倾向是李具。具者,本义为双手奉鼎,准备饮食之意。《说文》说,具,"共置也"。《广韵》说,"备也,办也,器具也"。《汉书·刘泽传》颜师古注曰:"具,供具也。"宋梅尧臣诗有"草草具觞豆"句,具觞即备酒。李具,就是李家的杯具。

李具也好,李家也好,都是说这耳杯是李家人的物件。这样问题就来了,堂堂大刘家,如何收藏了李家的家什呢?

刘家和李家有缘,原来在汉武帝时,就演出了刘、李一家亲的宫廷剧。

武帝的胞姐平阳公主,虽没有留下名字,人家可是汉景帝刘启与皇后王娡的长女,也就是后来改嫁家奴卫青的"文艺青年"。也许是因为曾经的不幸婚姻,平阳公主爱听歌观舞,驱郁解闷。就这样认识了一位能歌善舞的倡人李延年,并且将李介绍给他的弟弟。弟弟虽贵为帝王,这时大概因宠爱的夫人逝去、郁郁寡欢,也寻思着在歌舞中消愁解闷。

图34 "李具"漆耳杯

一天,李延年长歌一曲,所歌为《北方有佳人》,词曰:"北方有佳人,绝世而独立。一顾倾人城,再顾倾人国。宁不知倾城与倾国,佳人难再得。"武帝一听就动心了,想知道北方佳人何在,平阳公主说延年的妹妹就是一位绝色佳人。于是,这李姓的妹妹就成了武帝的李夫人,李夫人很快生了个皇子,取名刘髆,就是后来的昌邑王,也就是第一代海昏侯刘贺的父亲。

　　李夫人是刘贺的亲奶奶,李延年就是刘贺的舅公。李夫人其实还有两个哥哥,一个是名气不小的李广利,贰师将军,封海西侯;再一个是李季,因奸乱后宫,汉武帝下诏诛灭李延年和李季兄弟宗族。征和三年(前90),因功得免的李广利出征匈奴前与丞相刘屈牦密谋推立刘髆为太子,后事发投降匈奴,一年后也被杀。

　　为何刘贺并没有受到牵连?一是由于他是刘家人,二是那会儿他还小,李贰师死时他只有三岁。

　　这样一捋,才知刘李两家有如此之亲仇关系。由此看刘贺墓中出现李舅公家相关的物品,也是很自然的事。推测这样的耳杯应当是由他的父亲传下来的,是父子俩对母亲、奶奶的念想吧。

　　再一想,昌邑王封在鲁中南,海西侯封在苏北,两相往来,方便极了,彼此交换点纪念品,再正常不过了。于是,刘家就有了个李家杯,看来刘贺是很珍惜这一纪念品的,所以它被作为随葬品埋进了墓穴。

缘何满目旧家什

　　海昏侯墓出土的随葬器物,很多都有明确的"昌邑"纪年,

图35 "昌邑食官"青铜鋗（二年）　　图36 "昌邑"豆形青铜灯（二年）

这些制器年代透露了什么信息？

这昌邑，自然指的是昌邑国，汉代诸侯国可以有自己的纪年体系，这也是很让诸侯得意的事吧。

汉武帝将他的一个皇子刘髆封为"昌邑王"，事在天汉四年（前97）。昌邑建都地在今山东省巨野县，不过刘髆在王位只有十年即去世。他的儿子刘贺承嗣王位，为第二任昌邑王，这时他只不过是个五岁的孩童。

刘贺的昌邑王当了十三年，突然天降重任，没争没抢，刘贺得到了一个当皇帝的机会。公元前74年，昌邑王刘贺即皇帝位，是为汉废帝。

也许是他不怎么听招呼，推他上皇位的霍光借皇太后，即他自己的外孙女上官氏之名，就在当月废黜了刘贺。霍光还亲自送刘贺回到封地昌邑，削去了王号，给他食邑二千户度日。这时的昌邑国也没有了，刘贺成了山阳郡里的平民一枚。

帝位没有了，王位没有了，万幸的是，昌邑国原有的财物并没有被没收，刘贺还拥有使用权。这一段历史见于《汉书·武五子传》的记述："昌邑哀王髆天汉四年立，十一年薨，子贺嗣。立十三年，昭帝崩，无嗣，大将军霍光征王贺典丧"，"王受皇帝玺绶，袭尊号。即位二十七日，行淫乱。大将军光与群臣议，白孝昭皇后，废贺归故国，赐汤沐邑二千户，故王家财物皆与贺……语在《霍光传》。国除，为山阳郡"。

刘髆的年号，在昌邑十一年以内。刘贺五岁袭父爵为昌邑王，十九岁当皇帝被废，三十三岁死。前为昌邑王十三年，后十年无王号。元康三年（前63）刘贺为海昏侯，四年之后去世。

这次墓中出土的若干件署有昌邑年号的器物，已经披露的制器时间分别有昌邑二年、九年、十年、十一年。漆文中出现的最大的年份是"昌邑十一年"，表明制器有可能完成于刘贺在王位时，甚或是他的父王在位时。由于刘贺废黜后并没有恢复昌邑王位，所以可以做出这样的判断：全部标明有昌邑字样的制器，年代应当都指向刘贺登基前。也就是说，这些用于随葬的物品，不过是从前之物，是从前在王位而非在帝位之物。

用一二十年前的旧物随葬，是怀旧还是无力维新，我们似乎也能有个初步判断。墓中还出土了他舅公家的"李"字漆耳杯，这应当是怀旧。而随葬的别的老器，恐怕只能说明另外的含义了。

延年之殇

生男取名，延年这个名字不错，寓意长寿。自一出生，家人就希望他能长命百岁，古人与今人一样，都有这样的期望。古今有多少人取名延年，那是没法统计清楚的，不过，有心人统计过出现在《史记》和《汉书》里的延年，西汉取这个名字的有25人，还有相近的叫延寿的有12人。

最近关注海昏侯墓，为何对这个名字产生了兴趣，因为这个名字与刘贺有关，而且关系很大。进入《汉书》记载的25位名为延年的人中，居然有4人与刘贺有关，成为他命运节点的重要介入者。这四位延年是：李延年、杜延年、田延年和严延年。

李延年是刘贺的舅公，严延年是刘贺的岳丈，田延年是力主废除刘贺帝位的权臣，杜延年则是力倡刘询接替刘贺帝位者。他们都叫延年，可憾的是，他们都曾经风光得不可一世，却大都不得善终，不是被满门抄斩，就是畏罪自尽，或是重罪弃市，只有一位因老病而亡，这不同的结局里都有刘贺的故事。

时尚音乐达人——舅公李延年

李延年，是汉武帝宠妃李夫人的兄长，位尊国舅。李家世代为倡，李延年兄妹能歌善舞。李延年先因罪受腐刑为宦，在宫中养狗苟且，由于擅长音律，歌舞动人，先感动了武帝的姐姐，姐姐将他推荐给武帝。一日为武帝献歌，唱的是"北方有佳人，绝世而独立。一顾倾人城，再顾倾人国。宁不知倾城与倾国，佳人难再得"。应当是流行曲的调式，武帝急问佳人何在，李延年说就是他妹妹。妹妹由此入宫，成为武帝的李夫人，汉时皇后以下，称夫人也。

李夫人生下的皇子，就是后来封了昌邑王的刘髆，他是刘贺的父亲。李延年升级为舅公，也是富贵一时。李延年得封协律都尉，是皇宫音乐总监，深得武帝宠爱，两人甚至亲密到同眠一处。

不幸的是，李夫人早卒，武帝另得新欢，李家也因之失宠。又有李延年弟李季奸乱后宫事发，汉武帝下诏诛李延年和李季兄弟宗族。李延年另一弟李广利领兵出征匈奴前，与丞相刘屈牦密谋推立刘髆为太子，后事发，丞相被杀，李广利投降匈奴一年后

图 37　汉代舞蹈陶俑（江苏徐州驮篮山楚王墓出土）

图 38　汉代舞蹈陶俑（江苏徐州驮篮山楚王墓出土）

也被杀。李家的辉煌就这样灰飞烟灭了。

废黜帝位的支持者——贪官田延年

田延年是霍光的河东同乡，也是他的亲信，担任河东太守，颇有政绩，被提拔到朝廷任位列九卿的大司农，主管中央财政。

汉昭帝去世，霍光选择昌邑王刘贺继皇帝位，很快又想将其废黜另立。霍光心里没有把握，找来田延年商量，田延年给霍光出了个主意，说你霍大将军是国家的柱石，觉得这个人不适合当皇帝，可以奏明太后行废立之事。这太后就是霍光的外孙女，十五六岁的小女子，还不是全都听凭霍光定主意？

霍光还是有点心虚，他问历史上有没有这样的先例，田延年说伊尹做相时，就曾经废掉商王太甲，保全了宗庙社稷，后世称伊尹是忠臣。现在大将军如能这样，那不就是大汉朝的伊尹吗！霍光如此再三问询田延年，其实是要争取他做废旧立新的坚定支持者。田延年如此表态，霍光心里有数了，还给田延年加了一个兼职"给事中"，可以自由出入宫廷。

那天，霍光把丞相等满朝文武召集到未央宫中，开会商议废立皇帝之事。霍光先说："昌邑王行昏乱，恐危社稷，如何？"大臣们吓得不敢说话，田延年站了出来，手按剑柄，冲着霍光厉声喝道："孝武皇帝驾崩前，把孤儿和天下一并托付给大将军，是因为将军忠正贤良，现在皇帝不贤将令汉家宗庙绝祀，将军死后有什么面目去见先帝？今天的事绝不能拖延，群臣有谁不踊跃支持者，就让他吃了我这一剑！"

田延年这般慷慨，其实是在演戏，受到恫吓的群臣们看形势不妙，立即表态支持霍光。霍光就这样废了刘贺，另立了宣帝。田延年因为支持力度很大，功封阳成侯。

图39 "延寿万岁常与天久长"瓦当（西汉 汉景帝阳陵出土）

有历史学家说这是一次政变，田延年是政变的重要参与者。当时御史大夫田广明就对太仆杜延年说过，废昌邑王如果没有田延年的支持，根本办不成。不过，后来因为一桩贪污事件，霍光要问罪于田延年，逮捕令下达时，他在家自刎了。

主张废刘贺帝位时的威风哪儿去了？这位延年未能延年，吆喝过了，性命也赔上了，霍大将军难道不是借刀灭口吗？

岳丈——酷吏严延年

严延年任侍御史时的元平元年（前74），大将军霍光废刘贺拥刘询为帝。宣帝即位，严延年上奏弹劾霍光"擅自废立皇帝"，反霍旗帜非常鲜明。

后来，严延年因指责大司农田延年反被以死罪威胁，他不得不逃亡在外。大赦令救了他，又得以回到御史府重新担任御史掾。后又有当县令的经历，因军功任涿郡太守，三年后改任河南太守。

严延年个子矮小，精明敏捷，痛恨邪恶，树立的对立面也不少。后来左冯翊空缺,汉宣帝想征召严延年,因为听到传言反映他严酷而作罢。严延年察举狱吏犯收赃之罪,可赃物又没搜到,自己因此犯察举不实之罪被贬官。

有一位府丞年老心惑,严延年对他极好,他却非常害怕,唯恐遭他诬陷。不成想这老府丞自己占筮得一个死卦,恍惚不乐,趁回长安休假上书罗列严延年十大罪名,上奏后服毒自杀,以证明自己没有欺骗皇帝。御史中丞检察核实,给严延年结案定下诽谤朝政之罪,说他不仁道,处弃市之刑。当初严延年的母亲就警告过儿子,说天道神明,杀人太多必遭报应。结果一年之后,这儿子的死期就到了。

严延年有女名罗紨,嫁与刘贺为妻,生女名持辔。《汉书》只说到罗紨为严延年之女,"前为故王妻",似乎是刘贺在登基之前即已迎娶。如此看来,当时严延年在朝中谴责霍光"擅自废立皇帝",也有一份个人感情在其中,岳丈大人不能忍气吞声。

立新帝建言者——善终杜延年

杜延年之父御史大夫杜周,位列三公。杜延年的两个兄长都是郡守,以酷暴闻名,只有杜延年比较宽厚,封建平侯。

杜延年原是大将军霍光属吏,曾发起议论废除酒、盐铁的专卖。

昭帝去世,昌邑王刘贺即位不久被废,霍光召大臣议立新帝。当时皇曾孙(宣帝)刘询抚养在掖庭,与杜延年中子杜佗相交友善,杜延年因此比较了解刘询,所以劝霍光立他为帝。汉宣帝即位,高兴之余,褒赏大臣,杜延年以定策安宗庙之功,增食邑至四千三百户。

杜延年长期主管朝政,很受宣帝信任,出行陪奉车驾,位居九卿十余年。后因受霍氏宗族谋反案牵连免官,削户二千,数月后又受召任北地太守，一年后改任西河太守，又入朝任御史大夫。任职三年，因老病辞职，不久去世。四位与刘贺相关联的"延年"中，只有这一位杜延年得以天年，是宽仁的禀性让他免受不测。

汉代人期待长寿，他们除了寄寓仙道，也营造氛围，建筑用的瓦当就常模印上"延年"或"延年益寿"的字样，天天守着望着，眼中有了，心里就有了。他们也在这名字里做文章，取名延年，叫着有了，听着有了，身体里长寿的感觉似乎就多了。

当然，这延年的期待，汉代以前的人早就有了，且不说《诗经》中吟诵的"万寿无疆""以介眉寿"，战国楚人宋玉的《高唐赋》已经呼喊着这样的口号："延年益寿千万岁！"

命交"两敞"

先前说过了，与刘贺命运相关的人中，有四位叫"延年"的人。这回又说刘贺命握"两敞"，是说在霍光之外，还有两个决定他命运的人，他们都取名叫"敞"。

汉史扬名者有杨敞、张敞、何敞、任敞等，还发现过"王敞之印"，可见名敞在那会儿很是时兴。敞之含义，自然是积极有余，在汉代有开敞、高敞之意，还有敞亮、磨光之意。从小取这样的名字，其实并不能保证都能成长为豁达之士，多半只是父母表达的期许而已。不过，这也是做人的一个范式，敞亮些自然是美德。

与刘贺命运相关的"两敞"，一个是杨敞，另一个是张敞。先得贬他们一下，这两位为人都有不那么敞亮的时刻，有时表现

图 40　汉画拜见图

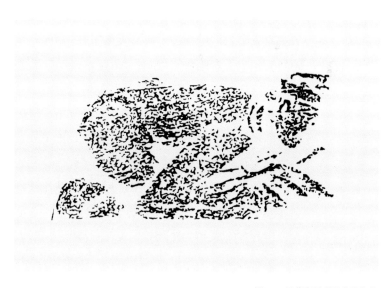

图 41　汉代拜见者的恭敬姿势

得名难副实。

先说这杨敞，此人很有来头。杨敞（？—前74），字子明，号君平。曾任丞相、御史大夫、大司农，他是司马迁的女婿。能让太史公看上眼，将女儿嫁与他，应当是错不了，后来当了丞相就是证明。

公元前81年，杨敞任大司农，专掌国家仓廪，劝课农桑。次年，外戚车骑将军上官桀谋反，稻田使者燕仓得知后告诉杨敞。杨敞素来谨慎，他装病卧床在家，没有上奏检举，他害怕惹事，上官氏可得罪不起。

公元前75年，昭帝命杨敞为丞相。次年，二十一岁的昭帝驾崩，霍光与众臣商议让武帝孙昌邑王刘贺做新帝。刘贺继位不满一月，因表现不尽如人意，霍光又与车骑将军张安世、大司农田延年密议，要废掉刘贺另立新君。霍光派田延年告知杨敞，要他共同行事。杨敞听罢惊恐万分，答非所问，汗流浃背，不知所措。太史公女儿、杨敞的妻子，比他似乎更有些胆识。她见丈夫犹豫不决，暗自着急，就趁田延年更衣离开时，劝杨敞说："这等国之大事，岂能犹豫不决，大将军既已决策，你当随和才是，不然恐怕会大难临头。"此时，田延年又返身回来，杨敞当即表示愿意听从大将军吩咐。第二天，杨敞与群臣谒见皇太后，他领头陈述了一大通昌邑王不堪继承皇位的理由，这显然是霍光等人连夜准备好的文本。年少的太后立即下诏废了刘贺，立汉武帝曾孙刘询为君，史称汉宣帝。

刘贺被废一个多月后，杨敞去世。虽然在这过程中，他只不过是被人当枪使，但他也是为着自保才听了夫人的话，大势已定，也许不能苛求于他。

再说张敞，他是由乡官做起，一步步升迁到太仆丞的位置。刘贺登基，滥用昌邑私人，张敞有点看不过去，他向刘贺上书，提出批评。十多天后刘贺被废黜，张敞因此显名，擢为豫州刺史。后来他多次上书言事，宣帝怜他耿耿忠心，擢为太中大夫。这前后他曾得罪霍光，受到过排斥。

宣帝即位之初，担心刘贺心有不甘，特令张敞为山阳太守，密令他监视刘贺动向，因山阳正管着昌邑旧地。张敞经过考察，将情况密报宣帝。

霍光家族伏诛后数月，地节四年（前66）九月中，张敞又亲自进入故昌邑王宫察看。他在给宣帝的奏报中说："从相貌看，故昌邑王二十六七岁，脸色青黑，小眼睛，尖鼻子，须眉稀疏，身材高大。因患偏枯之病，行走不便。短衣大裤，戴惠文冠，佩系玉环，插笔在头，手持木简趋前谒见。臣与他坐在庭中谈话，看到他的妻儿奴婢。我用话触动他，观察他的心意，又用恶鸟试探他，说：'昌邑多枭。'故昌邑王答曰：'是的，以前我西行到长安，根本没有枭。回来东行到济阳，就又听到枭声。'当我看到他的孩子持簪时，故昌邑王跪地道：'持簪的母亲，就是严长孙的女儿。'我以前就知道执金吾严延年字长孙，女儿罗紨，嫁与故昌邑王为妻。观察故昌邑王的衣服、言语举动，显得白痴呆傻。他有十六个妻子，二十二个儿女，其中十一个儿子，十一个女儿。"

其实刘贺知道，张敞与自己的岳丈严延年之间有些交情，当刘贺拉着严延年的外孙女持簪跪在张敞面前，张敞的心中大概会生出怜惜之情来。张敞接连数年对刘贺状况的汇报，如此将他说成一个废人呆人傻人，令汉宣帝对刘贺的忌惮之心渐渐消融，这也许客观上对刘贺也是一种保护吧？

宣帝终于放心下来，封刘贺为海昏侯，远迁豫章，让这位废皇帝永远也别做那复辟的梦了。

伍 —— 葬金

关于黄金的一个猜想

刘贺墓出土了大量黄金,这在中国考古史中前所未有。不算那些明确的器形或作镶嵌用的金器、金箔、金丝,墓中还大量出现饼金、板金、马蹄金和麟趾金。让人百思不解的是,马蹄金和麟趾金的底部,很多都浇注有单个文字,分别是上、中、下三字,它们的含义何在?

马蹄金上见到这上、中、下三字,让一些研究者想到汉代金属的分等说法。《汉书·食货志》说:"金有三等,黄金为上,白金为中,赤金为下。"白金是银,赤金是铜,都与黄金无关,这里所说的上、中、下三等金,与刘贺墓中的黄金之上、中、下,显然不是一回事。

其实,汉代三等金之说,有时又专指白银,即所谓"白金三品"。汉武帝元狩四年(前119)发行过一种银锡合金货币,分铸为圆形龙币重八两值三千,方形马币重六两值五百,椭圆龟币重四两值三百。《汉书·食货志》解释这次造银锡为白金的造型用意,说"以为天用莫如龙,地用莫如马,人用莫如龟,故白金三品"。

刘贺墓出土黄金也有大小形状的不同,分作蹄金、趾金、板金和饼金,可是与白金分三等并不相类,这不是区分上、中、下等级的依据,因为蹄金和趾金上都分别见到上、中、下三字,也就是说,如果这上、中、下有分等的意义,那蹄金和趾金本身就都是分级的。

这个级别是怎样区分的?标准又会是怎样的?

有报道说,蹄金重量一般是在250克上下,趾金则是在40克左右,不同重量的黄金上都有上、中、下的文字,显然重量并不是分级的关键所在。

图 42 马蹄金

图 43 马蹄金

图 44 马蹄金

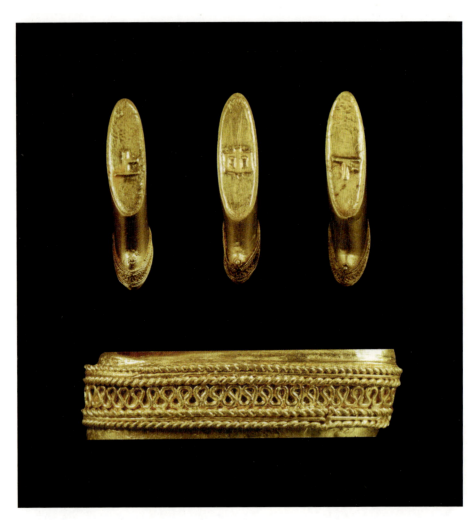

图 45　麟趾金

图 46　饼金

剩下的就是质量标准了，这才应当是分级的关键。质量应当体现在两方面，一是外表，二是内质，都与炼铸技术有关。从外表来说，似乎也可以排除这个标准，因为事先就在范中标示了上、中、下，并不能预知浇注结果。现在所见的蹄金与趾金，外表都非常光滑平整，并不能区别带"上"字的质量是否更好。再说，如果外观不理想，还可以重新熔铸，所以不能由外表判定出等级。

真正定级的标准，肯定是在黄金本身的质量，是黄金的成色。如何预先知道成品的品质？这里面一定有规律可循。我们了解到古法炼金主要有手选矿、碾矿、筛矿、搅拌、拉流、化火等工序，虽然每道工序都很重要，但更关键的是后面的工序。古法炼金，拉流是将金子从矿石中分离出来，变成毛金，毛金纯度可达五到六成。然后用酸料除去杂质，就可以进行火炼，一般都可得到九成金。

古代又有混汞黄金提纯法，可以提到很高的纯度。将矿料加汞加硫加热反复焙烧，再加硼砂熔成金锭。贱金属氧化物与硼砂反应生成低熔点物质，浮在上层，纯金在坩埚底部。

还有资料说，烧注时的温度、速率、先后次序，都会影响黄金纯度指标。这样看来，一个坩埚一次应当不只是铸出一趾或一蹄，也许至少可注三次，这样就按坩埚的容量区分出上、中、下三个层次来。设想一下，最纯的金液是在埚底，如果要将它标示为上品，那就要最后注成，先注出的就是带"下"字的下品。

如果这样由技术层面来解释，金品的上、中、下是不是更好理解一些呢？

媒体报道说，刘贺墓出土的黄金经测定，纯度已经达到99%。相信这只是个别或少部分测试结果，如果以后按照上面的思路，分别测一测上金、中金和下金的纯度，考察它们的区别，也许可能获得这个问题的最终答案。

随葬黄金值几何

在 2000 年前，有个人拿到一笔用黄金支付的稿酬，一篇《相思赋》，得百金，一百斤金。这些黄金换算为今天的重量单位，应当有 25 千克左右。多不多？真的是多，按照当今市价折算，合人民币 700 万元还多，在北京可以购置一套不大不小的宅子。

《相思赋》原题名为"长门赋"，作者是汉代大名鼎鼎的爱情专家司马相如。当年他在邛城，用几诗几曲就将当垆卖酒的富二代卓文君拿下，二人不管不顾为爱私奔，留下情界佳传。这会儿司马相如又受汉武帝失宠皇后陈阿娇的百金重托，写了一篇骚体赋，后来也入了传世名作之列。

这《长门赋》以一个受冷遇的嫔妃角色写成，文句委婉凄切。君王许诺朝往而暮来，可是天色将晚，还不见幸临。妾身独自徘徊，对爱的期盼与失落充满心中。登上兰台遥望君王行踪，唯见浮云四塞，天日窈冥。雷声震响，妾以为是君王车辇，却只见风卷帷幄，不见马驰车行。辞赋以景写情，情景交合，写尽陈皇后被遗弃后的苦闷和抑郁，细腻而真切。

"悬明月以自照兮，徂清夜于洞房……忽寝寐而梦想兮，魄若君之在旁。惕寤觉而无见兮，魂迋迋若有亡。众鸡鸣而愁予兮，起视月之精光。观众星之行列兮，毕昴出于东方。"从冷夜想到清晨，从月光念到日照，词轻情重。长门之赋，这代笔的情书，分量不是一般的重，那么多的黄金，就是一个明确的衡量了。

刘贺墓中出土的黄金，总重量按汉制计算估计已经在 200 斤上下，真的是很多，因为在考古发掘中前所未见。这些黄金其实也不能算多，因为它只不过是两篇《长门赋》的价值。昌邑王一次赏赐过旧臣一千斤黄金，这已经是数倍于他墓中随葬的黄金。

图47　海昏侯墓出土金饼　　　　图48　随葬的成串铜钱

那府中的存量黄金还有多少，不用细数，没有这个数的几千倍也当有几百倍。西汉的度量衡比较小，每斤约有250克，刘贺墓中的200斤黄金还不到50千克。这样一看，对这区区200斤金，应当用不着大惊小怪了。

我们还可由汉代黄金与铜钱的比值来判断黄金的价值。《后汉书·食货志》中记载，汉时黄金一斤兑换五铢钱一万枚（十贯）。《汉书·食货志》的说法相同，"黄金一斤，值万钱"。又说白金值三千，表明同量黄金仅比白银贵三倍。只是从唐朝以后，黄金比价有明显提升，据《靖康纪闻》说北宋末年"金每两三十二千，银每两二千五百"，一两黄金能兑换32000文，一两白银只能兑2500文，黄金比白银贵出十几倍了。如今，黄金价值攀升到白银的四五十倍，与汉代远不能相提并论了。

如果以实物计价，有研究者根据《汉书·食货志》记载考定，西汉初年每镒黄金能买八石大米，秦汉一石为20升，装米

101

15公斤，八石大米即120公斤。每镒黄金的重量为280克，280克黄金买120公斤大米，每克黄金的购买力大概相当于现在人民币两元。黄金在那会儿，还真的没那么值钱。

这样看来，刘贺用于随葬的200斤黄金，约当50千克，以当时实物价值折算，合人民币10万元而已。

再如以铜钱判断，刘贺墓中出土铜钱五铢钱数量壮观，估计有10余吨，近200万枚，约为2000贯，相当于黄金200斤，这大体等同于随葬的黄金。这样一看，那些黄金也就算不上有多大的量了。

如此计算，司马相如挣的那笔稿酬也不算多了。再想一想，司马相如的百金稿酬，以当时实物价值折算也不过合人民币5万元而已，一定买不到一座豪宅，放如今在北京也只能买到一张小饭桌大的面积了。

汉代最能挣钱的不是作家而是将军，大将卫青攻打匈奴，汉武帝一次就赏他黄金二十万斤。大将军霍去病攻打匈奴，汉武帝一次赏他黄金五十万斤，多出卫青的赏金一倍还多。汉代时兴以黄金作为奖励，有人统计过奖励的数目，从几百金到数十万金不等：

娄敬建议定都关中，田肯建议封嫡亲子弟为齐王，各自得到五百斤黄金的赏赐；

叔孙通制定朝廷礼仪，赏赐五百斤黄金；

吕后临终，遗诏嘱赏赐诸侯王每人一千斤黄金；

陈平为结交周勃，用五百斤黄金送礼；

文帝即位论功行赏，周勃五千斤黄金，陈平、灌婴各二千斤黄金，刘章、刘揭各一千斤黄金；

吴王刘濞造反，斩杀汉大将的赏五千斤黄金，斩杀列将的赏三千斤黄金，斩杀裨将的赏二千斤黄金，斩杀二千石官员的赏一千斤黄金；

梁孝王薨，金库里有四十万斤黄金；

武帝赏赐平阳公主一千斤黄金，赏赐卜式四百斤黄金；

宣帝即位，赏赐霍光七千斤黄金，广陵王五千斤黄金，其他十五位诸侯王每人一百斤黄金，孔霸二百斤黄金，黄霸一百斤黄金；

元帝赏赐段会宗、甘延寿、陈汤各一百斤黄金；

成帝赏赐王根五百斤黄金……

不是黄金不值钱，而是汉代国库黄金储备太充裕，又经常有贡金上贡朝廷，所以赏金的数量非常壮观，成为政权稳定的一个重要基石。

煮酒论酎金

刘贺墓中出土许多黄金，这些黄金的用处是什么，一开始就让人有些迷惑。不过，由于一枚写着"南藩海昏侯臣贺元康三年酎金一斤"字样墨书金饼的出现，问题似乎有了较为确定的答案。至少，一部分黄金应当是酎金，酎金是什么呢？

要明白何谓酎金，得先明白何谓酎酒，因为酎金是因酎酒而得名。

所谓酎酒，是先秦时代已经出现的一种精酿酒。作为酒名，酎见于《左传·襄公二十二年》之诸侯"尝酎"，杜预注说，"酒之新熟重者为酎"。所谓"重"，重复酝酿之意，二重三重都有可能。《楚辞·招魂》中"挫糟冻饮，酎清凉些"说到酎，《楚辞·大招》中"四酎并熟，不涩嗌只"也提到酎，四酎可能为四次复酿而成，所以味醇可口，完全没有口涩的感觉。

《礼记·月令》中有"天子饮酎"一语。注家明言"酎之言醇也"，说那是好酒。《说文》说酎是三重酒，谓重酿之酒也。注《汉书·景帝纪》之"高庙酎"，张晏更明说"正月旦作酒，八月成，名曰酎。酎之言纯也"。不仅是三次两次复酿，而且要经过大半年的时间，才能酿出美味的酎酒来。

有了美酒美食，一定会想起祖宗。汉文帝时规定每年八月祭高祖庙，要献酎饮酎。诸侯王和列侯都参与饮献，不过，这机会不是白给的，这酎酒可不是白饮的，你可得带着上好的黄金来助祭。黄金遇着酎，于是就出现了一个新名词——酎金，沾上了酒气的黄金。

带多少黄金来饮酎呢？规定是很明确的，有一个低限，是按封国人口计数，每千口俸金四两，由少府验收，皇帝亲临受金，酎金之制由此产生。献金规矩非常苛刻，所献黄金如量色不足，王要削县，侯则免国。汉武帝曾借检查献酎金不足为名，削弱和打击诸侯王及列侯势力。曾因列侯无人响应号召从军赴南越，武帝便借口酎金不如法，夺去一百零六个列侯爵位，丞相赵周也因知情不举下狱而被迫自杀。这就是西汉历史上有名的"酎金失侯"事件，酎金也由此著为法令，称为"酎金律"。

再说刘贺，他的墓中如何现出酎金来？现在披露了两种解释，一是皇帝赏赐的，一是刘贺备金而未及助酎的。究竟是怎么一回事呢？

对金饼上的文字，可以小作解析。"海昏侯臣贺元康三年酎金一斤"，献金人，时间，酎金名称，重量，全都交代清楚了。首先"海昏侯臣贺"，这是刘贺自称，说明这是预备的献金而不是得到的赏金。其次是"元康三年"，这是刘贺被封海昏侯的当年，而封侯之日他就没有了助祭的资格，没有了献金的机会。

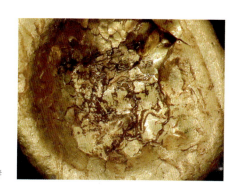

图49 墨书金饼

《汉书》本传记下的封侯诏书曰:"盖闻象有罪,舜封之,骨肉之亲,析而不殊。其封故昌邑王贺为海昏侯,食邑四千户。"如此,刘贺助祭时准备的酎金,就得以这四千户的人口计数,可是他不用准备了,为什么?因为有个侍中卫尉金安上奏了他一本,说刘贺被上天所弃,皇帝至仁又复封为列侯,但这是个"嚚顽放废之人,不宜得奉宗庙朝聘之礼"。宣帝同意了,刘贺因之远途"就国豫章"。

这是什么意思?封侯且不论大小,要命的是再也不被准许参加宗庙的各种仪式了,不仅不被认作是刘家人,也等于彻底被排除出政治圈子。这个处理很严重,刘家清理门户了。不能参加宗庙祭祀,也就没有献酎金的机会。

顺带说说那个上书的金安上,他是何许人也?金安上,其父金伦本为匈奴王子,归汉后早死。安上也算是个王孙,忠诚汉室,仕途平顺。少时为侍中,很受宣帝宠爱。他揭发过楚王刘延寿反叛阴谋,获赐爵关内侯。后来霍氏反时他又严卫宫门,因功封都成侯,官至建章卫尉。

这会儿让人想起刘贺墓中出土的那枚"大刘记印",好像又觉出了一种特别的含义:我本刘家人,这可是不能改变的!我要准备酎金,还要参加宗庙礼仪!酎金准备了,助祭的资格被免了，准备的酎金也就不用上贡了，最后酎金与玉印都成了随葬品。

这因酒而得名的金子，沾着浓烈的酒气，走进了历史，如今又走进我们的视线，也就让我们有机会看到了帝王术的那些小把戏的实证。

酎金的来路

刘贺墓中出土大量金饼，随着内棺清理的继续进行，还会有更多的金饼被发现。刘贺没有了使用玉衣的资格，却改用大量黄金殓葬，身上盖的是金，身下铺的是金，虽然比不了玉衣的润泽，但满满的金光，却是可以稍稍安慰一下那颗委屈的心了。

由金饼上的墨书文字，我们知道了一部分金饼是刘贺一厢情愿准备献祭的酎金，他自称是"南藩海昏侯"，黑黑的隶书，虽然并不一定是他亲笔所书，可那毕恭毕敬之态，还是让人觉得有点可怜兮兮的。失去了列侯的待遇，表示刘贺政治生命的终结，献金就是重新获得列侯待遇的标志，他未必真心实意，却是极想去献，这真的是很纠结很悲催的事。

为着准备这些酎金，王侯们要特别尽心，这与王位侯位有关，与政治前途有关。金不仅要足量，还要足赤，不能有分毫差池。于是，这酎金的炼铸就得好好把握。

金饼并非王侯亲自动手去炼去铸，那是金匠们的事，定好规矩，明确金匠责任制，应当就可以了。体现责任制的一个重要环节，就是"物勒工名"。

何谓物勒工名？简单地说，就是在产品上签注制作者的名

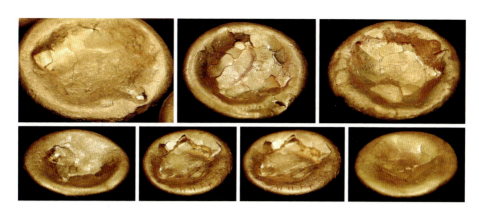

图50 有字金饼

字，以备查验。

在《礼记·月令》中，就有"物勒工名，以考其诚，功有不当，必行其罪，以穷其情"的话，相似的文字又见于《吕氏春秋·孟冬纪》，不仅要求产品要刻上工匠或工场名号，还专设职位"大工尹"考查质量，类似当今质量监督局的职掌。

过去发现的秦汉漆器，很多都标注有产地与工匠名姓，这在刘贺墓中的漆器上也能见到。刘贺那么多金饼，除了发现有少量墨书文字外，是否也有类似的刻划文字呢？答案是肯定的，不仅有字，而且相当多的金饼上都有字，有不少字，其中有的应当是工匠名号，这便是物勒工名。

展览陈列在大玻璃展柜中的刘贺墓出土金饼，被摆放成各种图形，灿烂炫目，甚至令人不能直视，不过那金晃晃的一片，已经够让人满足的了，平常人等能有几人一下子见到如此之多的金子？

金光晃晕了我们的眼睛，掩盖了它上面的更多信息。但是，如果更细心一点，虽然眼力不济，借助相机的微距功能，就能得到令人惊奇的发现，那些金饼上，半数以上居然都有刻划文字，是用针尖刻划的文字！

这样，我们的围观变作了微观，发现金饼上刻写着文字，这要算是一个微小却惊人的发现,刘贺墓金饼上究竟刻划着什么内容的文字呢?

虽然透过展柜玻璃摄下来的文字还不是很清晰,能辨读确认的也并不是很多,却还是让我们可以确定,这些文字表现了责任制的功用,也是物勒工名的体现。

工匠的姓氏,是金饼文字的主要内容。在三枚金饼上,发现起头的都是"郭"字,而且写法不同,明显是出自不同人的手笔。其中一个"郭"字,左边一点下直接写出"子"字,如此简写,似乎不应当是官方正式书体,应是民间匠人的习惯。三枚金饼文字内容如下:

郭四☐十䘗十
郭四 䘗四
郭䘗八

这三枚金饼文字,郭一定是姓,应当是工匠的姓。郭四䘗是完整的姓名,䘗字不识,这个字的构成是三横之间夹两三角,写出草书的感觉,也是少有的发现。

这三个郭字的写法有区别,又可说明非一人所为,是两个人,应当是同姓的家族匠人,或许这手艺有家传的性质。

其中的"䘗"字,上面不出头,字库中找不到相应的字形。笔者并不擅长古文字研究,费大力也找不出释读的依据,但却非常自信地将它认作是"金"字。一定是如此,列位暂且不要问是为什么。

金十,金八,金四,应当是当次产品的编号,与重量无关,这样的编号,漆器上见到的最多。

另有两块金饼上,都写出"䘗六未",刻文如下:

图51　金饼（10枚，陕西西安出土）

至六未

至六未下十二未

六未，几未，不得其解。依《说文》以"未"为味，似乎不能用于解释金饼文字。由刻文风格观察，这两枚金饼文字似乎不是出自同一人，六未当与姓名无关。

除了刻字，还有其他一些刻符。有的金饼边缘还钤有印信，这是更为正规的做法。

值得注意的是，还有的金饼铃有"V"字印，这种加V的饼金，一定包含有特别的意义。V字饼金此前陆续有所发现，值得关注。

山东济南长清区双乳山济北王陵出土金饼20多枚，多数都见到刻写的符号和文字，其中有14枚刻划有文字，6枚刻"王"、3枚刻"齐"、4枚刻"齐王"，有10枚刻划有不同形式的符号，有的见到"V"形符号。长沙风篷岭汉长沙国王后墓出土金饼上也有"V"形符号，类似发现还见于西安等地。

在展品中刚刚发现的这些金饼文字，或许只是冰山一角，我们等待更多资料公布，这里面一定会透露出更多重要信息。

可以肯定，刘贺墓中出土的金饼来路不同。除了表明工匠不同外，也表明有一些金饼可能另有来路，也说不定是某些人给刘贺的献金，这一部分金饼如不重新熔铸，并不能直接当酎金献祭，所以才会大量进入刘贺墓中，成为殓尸的用具。

陆

铸铜

籍田铜鼎非九鼎之鼎

海昏侯墓出土铜鼎据说有九件，于是有人按九鼎八簋天子之礼，认为这是当皇帝应有的规格与待遇。这个说法多少有些牵强，汉代虽然"鼎食"观念仍在，但列鼎制度已经无存，此九鼎非彼九鼎也。

解释这九鼎的意义，似乎也并不那么难，因为鼎上有铭，已经说明了鼎的用途，它与帝王之位无关。据一件铜鼎照片上看到的鼎铭，为"昌邑籍田铜鼎容十斗重卅八斤第一"十五字。明言此鼎为昌邑王行籍田礼时所用，每鼎都有编号，这是第一号。

籍田之礼，据《毛诗序》说："春籍田而祈社稷也。"开春时天子率诸侯亲耕，象征一年农事的开始，是国家劝农的一种仪式，谓之籍田。籍即藉，又作"耤"，《说文》说"耤"是"帝籍千亩，古者使民如借，故谓之耤"。《周礼》注说："古之王者贵为天子，富有四海，而必私置藉田，盖其义有三焉。一曰以奉宗庙，亲致其孝也；二曰以训于百姓在勤，勤则不匮也；三曰闻之子孙，躬知稼穑之艰难无逸也。"天子籍田，意义重大，可奉先训民教子孙。

汉代重视天子扶犁亲耕的籍田礼，汉文帝即位之初为贾谊《论积贮疏》所感动，"始开藉田，躬耕以劝百姓"。天子籍田礼的时间和程序，《后汉书·礼仪上》有具体记述："正月始耕。昼漏上水初纳，执事告祠先农，已享。耕时，有司请行事，就耕位，天子、三公、九卿、诸侯、百官以次耕。力田种各耰讫，有司告事毕。"

海昏侯墓出土铜鼎的意义还在于，它表明行籍田礼并不限于天子，诸侯王也要照办，所以昌邑王铸有籍田铜鼎，也要举行籍

图52　籍田鼎铭文

田之礼。

无论天子还是诸侯,所谓籍田亲耕,也就是摆一个架势,激励民人出汗出力,争取有个好收成。

刘贺将这样具有特别象征意义的籍田铜鼎,由昌邑带到海昏,带进墓穴,当然觉得那是一种珍贵的纪念,那是曾经辉煌过的岁月的记忆。

刘贺墓中另外还随葬有一件刻有"昌邑籍田"字样的铜器,器物并不精美,但意义却是刻骨铭心的。

附：　　**说鼎**

文明时代之初,一些常用的饮食器具被赋予了特别的意义,有的甚至成为权力和地位的象征,或者成为国家政权的标志。

鼎,一种三足器,可炊可食,在史前时代使用了几千年,是非常普通的饮食器具。可是到了文明时代早期，平民已经无权使用，用鼎成了贵族阶层的特权，他们以地位高低决定用鼎数量的多少。

青铜时代，鼎已是由青铜铸就的重器。最高级别的贵族——王，要用九鼎祭祀、宾客、宴享和随葬，所以"九鼎"成了国家政权的象征，"问鼎""定鼎"这样的词成了最高军事、政治行动的代名词。

鼎在考古发现中是很常见的器物。从新石器时代的陶鼎到商代的铜鼎，它的功能最后上升到政治的高度，不仅仅是吃饭的家什了。传说中的九鼎其实没有铸成。后来受"九鼎"观念的指引，人们铸成了九鼎，所以在考古工作中，在一些墓葬中发现了九鼎，但是它和传说中的九鼎已经不是一回事了。

鼎在中原仰韶时期三足很小，很难称为鼎。最早出现的是带支座的釜，河姆渡文化时期已存在。早期鼎的出现和这样的支座是不是有关系？腿和釜是分开的，后来觉得用起来挺麻烦的，干脆把腿都接上去，这样鼎就出现了，姑且算是一种推论吧。

当然，在鼎出现之前，三足器在史前有很多，也有很多样式，有炊器、食器，还有酒器，酒器中后来有很多是三足的，应该是受鼎的影响做出来的。新石器时代出土有陶鼎，三代有了铜鼎，既有圆鼎也有方鼎，还有像后母戊鼎这样在仪式上用的大鼎。东周时期随州擂鼓墩2号墓出土过九鼎。另外，类似鼎的器具还有很多，像温鼎就类似现代的火锅。到了战国，经常出现"钟鸣鼎食"的说法，是对贵族社会的一种追求，影响到人们的行为。

发端于史前饮食生活的鼎，三代时虽依然作为饮食器使用，不过，贵族们已经从中抽象出一种至尊的概念，这概念深刻地影响着商周时代的饮食生活和政治秩序。在秦汉时代它还在继续影

图 53　子龙鼎（商晚期）

图 54　小子父己方鼎（商晚期）

图 55　旅鼎（西周早期）

图 56　南宫柳鼎（西周中期）

响着人们的精神生活,"鼎食"仍被作为高贵地位的同义词。

卧镇与坐镇

海昏侯刘贺的墓中,除了随葬一些形体庞大的器具,也见到不少精巧的小物件。其中有一种物件名为"镇",吸引了不少人的目光,当然,除了专业学人,一般人是不大容易说明白它的用途。将它只作为艺术品欣赏是不够的,因为它不仅仅是一种摆设。

这种叫作镇的物件,形体不大,但制作甚精,大小十多厘米而已。其材质多种多样,主要是以青铜铸成,有的铸为人形,更多见到的是动物形,神态都很生动,工艺细节也很考究。它是为着平展座席或帷帐用的,器形更小的同类器也可用于平展纸帛,以便于书写与绘画,都可以叫作"镇",镇平之用也。

汉代的镇多作动物造型,海昏侯墓出土4件以卧鹿为造型的铜镇,鹿首上扬,四肢蜷曲而卧。墓中还发现有雁和龟形的镇以及人物造型的镇。人物为坐姿,动物为卧姿,可分称为坐镇与卧镇。

图57 兽形青铜镇

图 58　鎏金镶玉石龟形青铜镇

海昏侯墓中发现了竹席、草席痕迹,显示所见各类镇多为席镇。我们知道刘贺身下还垫有琉璃席,琉璃席下衬有百枚金饼,不知是否还有席镇放在上面。

各类植物席在史前即已出现,很多地点在考古中都见到编织印痕,有的遗址还发现了残存的席子。这说明至少史前时代后期,先民已经养成"席地"而坐的风习,真正是坐在铺地的席子上。这传统一定传递到了夏商周三代,自然也传递到了汉代。汉代画像石和画像砖上,表现有很多坐席宴饮的场景,记录了那个时代的真实生活。

我们都知道孔子说过,"席不正,不坐""割不正,不食",这是他极力维系的周礼的一个细节。古人席地而坐,设席每每不止一层,紧靠地面的一层称筵,筵上面的称席,先设者为筵,后加者为席。那时是席地坐食,"筵席"之名正由此而来,酒席原是以铺在地上的座席为名。我们现代所说的筵席、酒席、席位,甚至主席,皆由此而来。《初刻拍案惊奇》中的一则故事说:宣徽院使叫作字罗的分付安排盛席,"筵席完备,待拜住以子侄之礼,送他侧首坐下,自己坐了主席"。这筵席,这主席,又通连着更古老的故事。

图 59　人形青铜镇

筵一般直接铺设在地面上，主要有隔湿、保暖防寒、保护席子的功能，质料主要有竹、苇类。而席的质料、编织方法及使用场合都要更讲究一些。礼书上说天子之席五层，诸侯三层，大夫两层，考究的席以帛缀边，且有严格的等级之别。

读《诗经·邶风·柏舟》中"我心匪席，不可卷也"这一句，以席喻心，席卷自然要用到镇了。有研究判断，已知年代最早的镇，发现于陕西宝鸡茹家庄西周墓。考古在东周时期的墓葬中就发现有镇，如浙江绍兴印山大墓出土春秋玉镇19件，为秤砣形。《楚辞·九歌·湘夫人》载"罔薜荔兮为帷，擗蕙櫋兮既张；白玉兮为镇，疏石兰兮为芳"，注家说是"以白玉镇座席也，一作瑱"。用金玉做镇，也是上层社会的流行风。

汉代的镇在考古中常有出土，海昏侯墓中的发现并非首见。江苏徐州狮子山楚王陵出土有玉豹镇，盱眙大云山刘非墓出土的人形镇与兽形镇，河北满城刘胜墓发现铜人像坐镇和错银铜豹镇，制作都非常精致。这都是诸侯王级的拥有品，相信很多应当是来自皇室，想不精美都不可能。刘贺墓的镇，说不定有的会与长安有关联，有的也许是皇室原物也未可知。有意思的是，各处见到的人形镇，与海昏侯墓中的发现几乎是同样款式，流行风尚真是挡也挡不住。

西汉邹阳在《酒赋》中说："安广坐，列雕屏，绡绮为席，犀璩为镇。"犀璩即犀瑱，指犀角、贝之类的材质，这在考古中也有发现。汉代更多见到的青铜镇，除人形外，惯常见鹿、羊、虎、豹、狮、熊和龟之形。当然无论是多么凶猛的动物，在以镇

图60　错金银嵌宝石青铜镇（江苏盱眙大云山2号墓出土）

的名目出现时，都相当乖巧服帖，很有角色感。

汉以后的席镇除铜、铁、玉、石外，又见有陶瓷、象牙与竹木之类，小型的镇更多是纸镇，这是席镇用途的明显转换。这样的镇又称文镇，又名书镇、镇纸、镇尺。南北朝开始席地而坐的传统有了改变，这是因为高桌大椅的出现而带来的新变化，席镇的使用自然慢慢退出了历史舞台。

孙机先生专门研究过镇，说镇是用来压席子角的。古时为了避免由于起身落座时折卷席角，便在四隅压上镇。镇最早见于西周，战国时镇的使用已经很流行，见有秤砣形和器盖形两种。至汉代镇形大变，变得非常唯美。

孙先生特别指出，"在未经扰动的汉墓中，四枚镇排成方形，也有的还放置于漆秤或石秤四角。但秤有两种：一种是方形矮案状的坐具，另一种是玩六博时用以投箸的秤。在博秤上也用博镇。座席镇与博镇的鉴别，遂成为一个有意思的问题"。这个区别，应当由体量大小就可以做出基本判断。

镇，在《说文》中的解释是"博压"，也即用于压六博的秤。《玉篇》解镇，说是"重也，压也"。我们现代常用的一些派生词或引申词，如镇守、重镇、坐镇、镇静、镇定、四镇之类，都是基于"镇"的字义变化而成。

如镇静，本出自《国语·晋语七》："靥也果敢，无忌镇静。"韦昭注曰："镇，重也；静，安也。"这其实是用镇的姿态描述人的性格。又如坐镇，见于南朝任昉《为萧扬州荐士表》："睐（王睐）坐镇雅俗，弘益已多；僧孺访对不休，质疑斯在。"又见《陈书·萧允传》："公年德并高，国之元老，从容坐镇，旦夕自为列曹，何为方复辛苦在外。"这里的坐镇，当然也是引申自席镇的原义。

还有比较特别的卧镇一词，典出《后汉书·景丹传》，光武

图 61　兔形青铜镇

图 62　鹿形青铜镇

图63 雁形青铜镇

帝刘秀对病中的景丹说:"贼迫近京师,但得将军威重,卧以镇之足矣。"威重将军卧镇,便可令敌胆寒。这里说的卧镇,当然也说的是席镇。

后世阴阳家的符镇之法,也是受席镇启发打开的脑洞。符镇中有一种称方位镇,"石敢当"、"山海经"、"对兽"(如狮子、华表)、风水镜、屏风和影壁、宝葫芦、太极图、八卦符、文字符镇与各类植物符镇,均属此类,设在大门口、道路、房角、屋脊之处,用于避凶驱邪,也有镇宅之意。

动者静卧,静者静坐,无论动物原来多么凶猛,当它扮演"镇"的角色时,都要体现安静的感觉,这也是造镇的一个艺术原则。这艺术之镇,给古人带来的不仅是生活中的精致,其实也是平常可以感觉到的心灵慰藉。悦目,赏心,安宅,几枚精致的小镇用处还真不小呢。

卧镇也好,坐镇也罢,它们偶尔还在我们的书桌上徘徊,要完全退出历史舞台还不知会是什么时候呢。

"定"为何物

海昏侯墓出土豆形铜灯，灯沿有铭，自名"烛定"，当为"烛灯"。

查《博古图》著录有汉代有铭"烛锭"之器，并判断为"始荐熟食之器，但阙其盖而不完"。旧说有误，其实，它的形状类似高柄盘豆之器，但用途并不相同。

《博古图》此器"烛锭"之铭，当为海昏侯盘形器上之铭文"烛定"，"定"为"锭"之省文，均为"镫"，现代简写成"灯"字。

《说文》说：镫，"锭也"。又说"锭，镫也"。锭与镫，一物也。

《广韵》说："豆有足曰锭，无足曰镫。"区别似乎也很明晰，因构形不同，名字也不同。徐铉解释说，"锭中置烛，故谓之

图64　"李姬家"豆形青铜灯

图65　青铜灯铭文

图66　青铜灯铭文

镫"。是用油还是用烛,也是定名的一个因素,是不是如此,尚不能确知。

想起《楚辞·招魂》中的"华镫错些",错杂的华灯,大约就是像海昏侯墓出土的这种高柄灯吧。

柒 — 琢玉

鸮啸方寸间

从海昏侯墓内棺出土刘贺玉印的那一刻起,发掘者心里的那个纠结也许才顺当地开解了。一直的推想与猜测,至此全部了结,第一代海昏侯刘贺是墓主,一印定局。

汉代的印记,有严格的等级规制,大小形状都有标准,对印纽的雕刻更是有明文规定。在得知刘贺玉印出土消息时,除了对印文的关切,印纽的造型自然也是重要的话题。有专家议论说,刘贺的印应当是螭虎纽,结果不是,却似乎是蟾纽,一只黑头的蟾蜍,卧在印背上,竟然还显出些自得的神态。

蟾纽,为何是这样?

汉时制度中的玺印,据汉代应劭《汉官仪》的记述是:"诸侯王,黄金玺,橐驼纽……列侯,黄金印,龟纽……丞相、太尉与三公、前后左右将军,黄金印,龟纽……二千石,银印,龟纽;千石以下,铜印,鼻纽;诸侯二品以上,金章,紫绶,龟纽、豹纽或貔纽;三品,银章,青绶,龟纽或熊纽、罴纽、羔纽、鹿纽;四品,银印,青绶,珪纽、兔纽;其他铜印,环纽。国有定制,不能私易之也。"

用金银铜,刻橐龟兔,如此定制,不能私自变更。当然,这里指的是官印,私印虽可能有些不同,也当循此制度,变更不会太大。考古发现的汉代官印,确有不少龟纽,但也有规制不载的螭纽,倒是稀见橐驼纽。这个橐驼纽极是奇怪,很多人理解是骆驼纽,总觉甚是可疑。

刘贺墓中先见一枚"大刘记印"玉印为龟纽,倒也没什么特别之处,也算合乎规制。可这本名的刘贺印,却是一个蟾蜍纽,让人很难理解,也无从解说。

图67 刘贺玉印

不久前又有消息说，这刘贺印并非蟾纽，而是凤纽，一下子又变成了鸟。这就更是奇怪了，真的是凤纽吗？

清洗后的玉印，才完全露出真容，不是蟾，也不是凤，是鸮纽！刘贺印纽的造型，初观如蟾，白身黑首。再观如凤，卧体回首。三观为鸮，蜀身回首，短尾疏翅，瞠目钩喙，眉耳毕现。面目有点儿凶悍，也无长尾飘然，没有凤鸟特征。在为玉印描图时观察发现，鸮喙是大张着的，似乎是在叫唤着……

鸮纽玉印，从未见过的奇物，它传导出了怎样的信息？

汉代以前，鸮为吉鸟，甚至入了崇拜的祖神之列。汉时开始，观念明显变了，鸮成了不孝鸟，入了凶鸟之列。贾谊被贬长沙，见到鸮飞入舍中，心里陡生几多联想，觉得这种凶鸟要带来厄运，甚至担心自己会折寿。

查考有限的文献，可知刘贺对鸮是有态度的，虽然态度并不明朗。

刘贺被废黜回到昌邑，之后霍光家族伏诛，地节四年（前66）九月，山阳太守张敞受命进到故昌邑王宫察看刘贺。他给汉宣帝的报告中说，刘贺重病在身，行走不便，"我想用话触动他，观察他的心事，就用恶鸟试探他，说：'昌邑多枭（鸮）。'刘贺回答说：'是的，以前我西行到长安，根本没有枭。回来时，东行到济阳，就又听到枭的叫声了。'"

刘贺与张敞说鸮，这能说明什么？也许是要说刘贺思维还算正常，也许是要说这废帝并没有忘记他登基长安之事。鸮毕竟进入到刘贺的记忆中，而且那是在从天上坠入渊底的时刻，那是凶鸟的叫声！

可是为何要用鸮形刻印，为何要取那样匍匐的姿势，为何还要张开大嘴，我们似乎能看出他心里的那种不甘来。不论怎么看，这都是反常的举动，艺术绝不是赏心悦目的奢侈品。

鸮纽玉印，是刘贺的创意，还是他人强为，也不得而知。

附：**北方有吉鸟**

商周时代，鸮形主题进入青铜艺术中。商代有一种肥硕的青铜卣，带提梁，整体造型就是鸮形，不过已经是很写意的风格了。南北区域都有这样的鸮形青铜卣发现，这种青铜卣应当是一种盛酒器。鸮形图案还被铸在饮酒器斝等青铜器上，图案经过高度提炼，构图夸张而严谨。商代还有非常精致的鸮形酒尊，这样的发现后面还会提及。

商代除了青铜器，也有用陶土制成的鸮形器。四川三星堆出土文物中，见到数件鸮造型文物，有鸮形陶器纽，也有鸮形铜器，后者的造型与殷墟所见非常相似。引人注意的是，有一

图68 妇好鸮尊

件鸮形陶器纽的鸮目,表现为两个放光芒的太阳图像,有明确的象征意义。

鸮形在商周时代仍然有玉制品被发现,也仍然是写实形与写意形并存。值得注意的是,山东地区一些商代墓葬中出土的玉鸮,多做飞翔状,一定程度上还保留有红山文化的风格。殷墟见

图 69　商代青铜鸮卣　　　　图 70　陶鸮（四川广汉三星堆出土）

到的玉鸮为圆雕，制作精致，鸮身琢有纹饰，与商代铜鸮尊风格吻合，可视为仿铜制品。

汉代以后，还能见到鸮形主题艺术品，较多出土的陶鸱鸮形器，可能被赋予特别的含义。

古代对鸮鸟的信仰，有着特别的文化背景。有研究认为，鸱鸮为昴星宿象征，是太阳的生命意象和农业保护神。鸱鸮是知时之鸟，随着太阳回归，冬至到来，在夜间开始活跃，报晓了春天的来临。这是物候历法，而昴星宿正处于中天位置，成为冬至的天文标志点，所谓"日短星昴"。古有"昴日髦头"（《史记·天官书》）之说，"髦头"有不同的解释，有人认定是猫头鹰，说昴星宿是猫头鹰星，商代称"卯鸟星"。《山海经·西山经》说："三危之山……有鸟焉，一首而三身，其状如鸱，其名曰鸱。"有人说"一首三身"指的是鸮蹲姿态，即一首三足，鸮鸮是商人心中运日三足乌。猫头鹰在黎明迎来太阳，唤醒春天，使万物复苏。崇拜猫头鹰和崇拜昴星宿，都是对太阳的崇拜。

红山人用玉做鸮，有研究者认为是一种宗教法器，可以通神通祖。夸张地表现鸮目，也是为着赋鸮以神性，在膜拜中增强自信。

鸮鸮还被认为是生殖神与祖先神，鸟状男根是远古先民的普遍认知，是祈求多产的巫术思维的表现。在商人族源神话中，有简狄吞玄鸟卵生商祖契的传说，"天命玄鸟，降而生商"，一般认为"玄鸟"是燕子，其实应当是鸮。有人还列举甲骨文中的"商"字为猫头鹰锐目构成，在《说文》里也能看到绘出大眼尖喙的"商"字，表现猫头鹰与商的特别联系。商人还有一个非常隆重的祭仪，叫作"蕚祭"。有的学者认为"蕚祭"是杀鸮以祭，也有人认为是祭祀鸮。"蕚祭"巫师将酒洒向大地，向祖先神鸮祈雨求丰年。康殷先生《古文字形发微》通过对"蕚""萑""瞿"等甲骨文字的考证，认为都是远古至商代时期人们崇拜鸮鸮的见证。他说："几乎从一开始就发现古文中的各种观字都来源于鸮鸮形。因而我们研究、解释古文有关的若干字形，就非借助这些鸮鸮形，尤其是古人手笔下造出的鸮鸮形作品，如青铜器造型、花纹中的此形不可……对于释蕚、观诸字来说，首先弄清鸮形，似乎是唯一的捷径。"

红山人崇拜鸮，商人崇拜鸮，这是不是又为商族起源研究找到了一个新的切入点呢？商代时崇凤，也崇鸮，他们对南方北方的信仰都感兴趣，这也是一个值得探究的话题。

周代以后，特别是到了汉代，鸮的吉祥意义有了改变，有时被当作邪恶的象征。汉贾谊谪居长沙以鹏鸟为不祥，故作《鹏鸟赋》，鹏鸟即鸮鸮。《汉书·郊祀志》记："祀黄帝用一枭、破镜。"如淳注说:"汉使东郡送枭,五月五日作枭羹,以赐百官。"端午为辟邪之日,食枭羹图的是消灾,是以不祥求吉祥。汉人六博之戏以得枭为胜,枭也就成了胜利的象征。《后汉书·张衡传》说:"以得人为枭,失士为尤。"李贤注言:"枭犹胜也,犹六博得枭则胜。"这样反用鸮概念的实例,也进一步凸显了鸮在人们心中的位置与能量。

鸮,随着历史的演进,也完成了由吉至凶的改变。鸮从史前时代起就留下了许多的故事,如果不是那些陶塑和玉雕,可能我们对那些故事会一无所知,是这些鸮形主题艺术品让我们又找回了一些丢失的记忆。

来自战国的断袖玉舞女

刘贺墓出土玉组佩及玉舞人,因为形体小巧,好像没有引起太多关注。这套玉组佩比较简单,是一个三件套,一璜一管一舞女像,最打眼的当然是舞女像。

舞女像白玉质地,小巧精致,动态端丽,眉目传神。发式非常别致,头顶梳如扇形,两绺左右并坠如凤翅,顶侧尚留一绺飘逸上翘。后面结一秀小长辫,辫结清晰可见。深衣曳地,宽带紧束,似有带钩钩挂,带孔也仔细刻画。长袖善舞,一下一上,上袖掩过头顶,下袖残断留有修理痕迹。

相较其他地点出土的西汉玉舞人,这是造型别致也是非常精致的一件,其余大多都不能与它相提并论。如广州南越王墓那样高等级的墓中,所出玉舞人也不过尔尔,舞姿尚可,雕工却只是追求写意而已。其他地点出土的玉舞人也都是如此,所见玉舞人

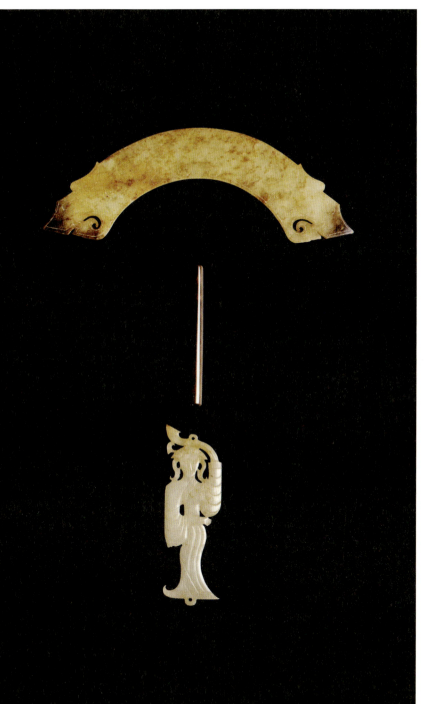

图71 刘贺墓出土玉组佩

雕琢至简，有的甚至流于草率。

只有广州西村凤凰岗出土的一件西汉玉舞人，可与之比拼一番。两件玉人包括舞姿、发式及后面小辫在内的整体风格完全相同，唯一的区别是，这一件断了左手的上袖，刘贺墓的那一件断的是右手的下袖。这两件玉人正好将彼此缺陷补上，可谓两全其美。

西汉时代类似这两例玉断袖的舞人像，在考古中发现确实不多。数量很少，风格不同，表明这样的玉舞人造型的时代值得考究，它会是西汉时期的制品么？

西汉没有更多的发现做比照，倒是战国时期有这样风格的玉人。早年传出洛阳金村的战国双联玉舞人，就是这样的作品。也是一套玉组佩上的组件，玉人的舞姿与细部刻画与上述两件完全相同，带钩的钩孔乃至衣边的纹样也都一样。不一样的是，金村出土的是双人舞女，两人左右对称如镜像一般。

由金村的证据，可以怀疑在西汉遗存中发现的两例同类玉舞人像，有可能是由战国时代传入汉代的作品，应当可以排除仿制的可能。

刘贺墓中玉舞人组佩，也说不定是汉王室收存的古物，就像同墓出土的商周青铜器一样，至少说明刘贺有一点收存古物的癖好。兴许实在是太喜欢了，玉舞女的袖头虽然折断了，磨光了碴口接着用也不觉妨事。

其实，我们在讨论类似古玉时，忽略了另一个很重要的发现：过去在南昌的汉墓中，也曾出土过类似的玉舞人。

南昌东郊永和畜牧场的一座汉墓中，出土过一件玉舞人。报道描述玉舞人为镂空片雕成形，灰白色玉质。用阴线雕刻眉眼发式及衣装纹样，舞人发式与舞姿同于刘贺墓所出玉人，长袖也是一上一下，稍有不同的是，上面的袖手遮挡了头顶，以致发式刻画并不完整。当然，整体制作精度并不如上述几件战国制品，此件为汉代仿制品亦未可知。当然，这件玉舞人保存较好，它没有成为断袖舞女。

汉舞与先秦之舞，其间的传承自有脉络可循。由江苏徐州驮篮山楚王墓出土西汉陶舞俑看，从服饰到舞姿与玉人有相似之处，但发式迥然不同，这是两个时代的明显区别。

一枚老旧的玉带钩

海昏侯随葬的带钩有多件，保存都很好。据已经披露的发掘资料，现在知道的都是玉带钩，刘贺爱玉，于此可窥一斑。

我们已经谈到过刘贺的几件玉带钩，特别是放在他身体左右的四神双子钩，应是国宝级的发现。不过，直接佩在腰间的那件玉带钩，似乎没有那么精致，稍逊于双子钩。这件带钩，完整，玉色不同，全器纹饰风格也不一致，判断为旧器改制，而且是刘贺在世时改制的，这个说法有点简单化，可以商榷。刘贺爱古玉，这一点不必怀疑，他那个时代也许很多人都有这样的癖好。在刘贺墓中，出有战国玉人组佩，他喜爱战国玉器，这是一个证据。

刘贺腰间的玉带钩为方体形，龙首虎尾，玉色不一，与其他玉件相比，显得更为古朴。其实这是一件组合式带钩，由多块玉分琢后拼合成器。初步观察可分为钩首、钩颈、钩体和钩纽四部分，均为白玉，因本色和沁色造成全器色泽变化较大。雕刻技法阴阳混合，雕工并不算太精细。钩纽与钩体以榫卯方式结合，另横加一铁质销钉固定。可能是由于全器中空，才以铁芯贯穿将其连为一体。应当说明的是，这本是一件全新设计制作的带钩，并不是用旧器拼凑加工而成的。主要理由是，战国时代至汉初流行

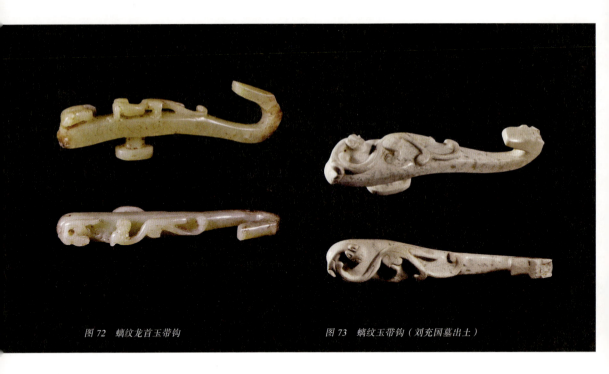

图72 螭纹龙首玉带钩　　　　图73 螭纹玉带钩（刘充国墓出土）

这种分体组合式玉带钩，在考古中多有发现，其中不乏精品，有的品质远远超过刘贺墓的这一件。

曾经为带钩划分形式，特分出一类曲棒形，钩体或圆或方，侧视为曲体。在铜带钩中，较多见到这类棒形带钩，战国时就已经出现。与铜带钩一样，玉带钩中也有一种曲棒形钩，钩体细长，首尾径相差不大，一般见于两汉，个别的可早到战国或秦代，西汉时期比较流行，可以看作铜质曲棒形带钩的仿制品。曲棒形玉钩中有一种为多节串联型，分节制作，中间贯以铁芯，起到组合、增加强度的作用。刘贺墓的多节带钩正是属于这种曲棒形，虽然与其他同类带钩一样，都出土于汉代遗存中，它们一定是属于汉代的制品吗？让我们先看一些类似的发现。

山东曲阜鲁故城出土一枚战国玉带钩，曲棒形弓体，小龙首，大虎尾，中空，包括钩纽在内，分作十块制作，然后用金属串联，这是一种九节带钩。

属于秦代的曲棒形玉带钩，在河南泌阳官庄北岗出土一件，纯色白玉质，半圆体，首尾均为龙头形，通体饰勾连云纹，为十节铁芯合体，长19厘米。

西汉时期的曲棒形玉钩发现于安徽、广东、陕西和河北等地，形制多仿秦曲棒形钩，一般也是双龙首。陕西西安汉建章宫遗址出土一件铁芯曲棒形带钩，白玉，马首圆体，中有圆雕兔形，为九节合体，长19.4厘米。因有一节破损，铁芯出露，可见铁锈沁入玉体，玉色变化较大。

广州象岗南越王墓出土两件曲棒形玉钩，一青一白，首尾饰龙虎头。一件体饰勾连云纹，纽在中部，长15厘米。一件为八节铁芯合体，长达19.2厘米。

曲棒形玉带钩一般出土自等级很高的遗址和墓葬，多属王族专用品。河南洛阳金村战国墓出土一曲棒形玉带钩，方体白玉，龙头虎尾。铁芯沁色已透出器表，器体局部变色明显。整器风格比较接近刘贺墓那一件，为重新判断刘贺墓带钩的时代提供了重要线索。

《群玉别藏续集》收录有台北故宫博物院藏的几件多节玉带钩，多断定为西汉时物。有一件五节龙首虎尾白玉带钩，雕工及整体风格与南越王墓所出相似。还有一件为圆体曲棒形，与上一件雕工相近。又有一件为八节合体龙首玉带钩，钩尾龙首偏向一侧，造型比较别致。

其实，台北故宫博物院所藏这几件，年代统定为西汉时期，还是比较保守的。将它们与南越王墓的那一件对比，似乎应当都是战国之物。当然，比较确定的金村那一件，是属于战国之物。拿金村这一件与刘贺墓带钩相比，它们属于同一时代无疑。

简而言之，刘贺挂在腰间的多节玉带钩，应当是战国时代的产品，也许是祖传之物，不是他自己别出心裁做出来的。

图74 嵌宝石青铜带钩（刘充国墓出土）　　图75 青铜带钩

附： **带钩：腰间不断变换的时尚**

考古发现的最早的束带用具，是良渚文化的玉带钩。良渚玉带钩有成熟的造型，仅见于高等级贵族使用，推断它已具有礼仪性质。玉带钩出现后没有在更大范围普及，在中原地区同期文化中没有发现。

文明的伴生状态，有秩序，也有战争。当战争成为社会生活的常态，军士的装备也越来越规范，皮革用于盔甲的制作，也开始用于腰带的制作。宽厚的革带不能打结，于是发明了钩挂方法，这方法应当是受了良渚人使用带钩传统的启发。金属与非金属的钩应运而生，这样的钩将尾端固定在革带上，使用时钩住钻有孔眼革带的另一端，靠人体的张力束腰。腰带上配钩，这带上之钩就有了一个约定的名字——带钩。

大约自春秋时代开始，带钩的使用已经较为普及，经战国到两汉，带钩成为先人不离身的小家当。没有带钩，行军打仗的兵士不会有自在的行动，一般的人众也不会有自在的行动。有钩有带，约束自我，方得自在之身。

腰带制品，当汉晋之际，出现过一次重大的变换过程。带扣逐渐替代带钩，成为束带用品的主打产品。带扣最先是用于马具束带，用于人身以后，更加艺术化了，无论造型与附加装饰都有了明显改变。不过后来这种艺术化的风气不再盛行，带扣大体沿着实用的路径演变，很快就定型下来，定型得与我们今天使用的带扣没有什么明显区别了。

带钩如果从良渚文化算起，至汉末之时，间断使用了近3000年。如果自春秋初年起算，金属带钩使用了差不多1000年。接着，带扣用到今天，则接近有2000年光景。上自天子，下至庶民，在正式场合都不能缺了它，就是这样的小家什，陪着过去的人们自在走过了4000多年！

带钩多为长体造型，前有钩首，背后的中尾部有圆形的纽，钩和纽是连接腰带两端的接点。不过良渚文化的这些玉带钩的规格一般较小，以长度论，最短的不过3厘米，最长的也只有9厘米多，一般在5—7厘米上下。玉带钩整体造型比较规整，它的一端为穿绳的孔，另一端为钩系的弯钩，钩首较长。良渚文化的玉带钩应是随腰带横在腰间，钩首向左，使用者是以右手握钩，钩挂在绳套上即可。钩上的带，以钩尾的绳孔看，应属不太粗的丝麻绳之类，一端拴在钩孔上，另一端依腰围大小做成环套，使用时套挂在钩首上。

良渚带钩与周汉带钩之间，有型制上的差异，更有时代上的缺环，我们不知道在这个足有1000多年的时段里，古中国人是不是普遍用带钩束带，如用，又是什么样子？这也许是中国考古上的一个新的未解之谜。

青铜时代的带钩，可以将始作期划定在西周末至战国早期之

图 76　错金嵌绿松石铜带钩

图 77　琴面错金铁带钩

图 78　镂空兽形铜带钩

间，而流行的开始年代是在春秋中期。周都洛阳出土有春秋中期的带钩，同期带钩还见于北京怀柔的燕墓，山东临淄的齐墓，河南淅川、湖北江陵和湖南湘乡的楚墓，陕西宝鸡的秦墓，山西侯马的晋墓，江苏苏州的吴墓，还见于甘肃灵台古密须国墓和辽宁喀左东胡族墓。虽然这个时期的带钩发现的数量不能与战国秦汉相比，但从临淄郎家庄一次出土66件带钩来进行分析，当时在黄河中下游地区带钩使用已经比较普遍。

春秋时期的带钩以水禽形为主，也有兽面形、耜形和琵琶形，以小型为多，长度一般不超过10厘米。钩体以素面为主，钩纽靠近钩尾。秦墓中见到的一些小带钩有的还没附纽，带钩的一般特征还没完全具备。

到战国早期，出土带钩的地点比之春秋有了明显的增加。三晋地区韩、魏两地发现带钩较多，秦、楚、齐、鲁、燕也有一定数量带钩出土。战国早期的带钩依然以小型为主，除继续见到水禽形和耜形外，新出现曲棒形，见到相当多的琵琶形。最长的带钩近20厘米，有的钩纽离钩尾渐远，一部分带钩的钩纽已移至带钩中部。此期铜带钩一般都是素面，很少附加纹饰。

带钩的鼎盛期划定在战国中期至战国晚期，出土数量明显增加。三晋地区发现的属于战国中期的带钩不少，在今河南北部和山西南部出土最多，河北也发现赵国和中山国的带钩。南方楚国使用带钩也比较普遍，在河南、湖北和湖南境内都有发现。西南的巴蜀之地也开始使用带钩，带钩逐渐发展到了鼎盛期。

战国中期常见的带钩有水禽形和琵琶形，后者数量最多，凡出带钩的地点几乎都能见到它。其次还有耜形和曲棒形，新出现的有长牌形和异形。钩纽的位置继续往钩体中部移动，多数位于距钩尾四分之一或三分之一的钩体处，个别秦国带钩的钩纽位于钩体中部，这种现象无论在春秋时期还是战国早期，都不曾见到过。

这个时期带钩的长度有了很大变化。水禽形带钩依然很小，琵琶形大多属长钩类，长牌形带钩以楚墓出土为多，长度都在20厘米以上，这种带钩可能主要为楚国所用，其他地区、其他时代极少发现，时空特征相当明显，它与战国晚期见到的两兽首相背的长牌形带钩不同，后者只见于战国晚期的三晋地区，也相当有特点。

带钩到战国晚期就完全进入了它的鼎盛时期，分布范围之广，数量形式之多，工艺制作之精，都是前所未见的。战国晚期发现较多带钩的地区有三个：三晋、秦、楚，常见的有水禽形、曲棒形。琵琶形在三晋发现最多，长牌形只见于三晋地区。耙形除见于三晋外，秦国墓葬中也有少量出土，其他地区绝少发现。曲棒形一类长型带钩的钩纽皆在钩体中部，长牌形和琵琶形带钩的钩纽多在距钩尾三分之一钩体处。

秦汉时期是带钩使用的普及期，这是国家统一的必然结果。这一时期带钩流行的主要形式是水禽形、曲棒形和琵琶形，其他战国时代的带钩形式基本被淘汰。带钩完成了定型，除少数艺术型带钩外，制作工艺维持在一般水平。

西汉早期的带钩发现较多，在今内蒙古、辽宁、山东、江苏、河北、河南、山西、陕西、湖南、广东、广西、四川和贵州等省、自治区都有出土。主要形式有水禽形、兽面形、曲棒形、琵琶形。琵琶形带钩以窄体多见，以素面为主。

从秦统一到汉初的带钩中，都没有见到耙形和长牌形，它们都消失在战国晚期。西汉中晚期的带钩常见水禽形和琵琶形，以素面为主，制作粗劣，不如前代。这一时期的带钩有向小型化发展的趋势，包括琵琶形在内，长度超过10厘米的不多。

新莽时期的带钩主要有水禽形、曲棒形和琵琶形，多素体无纹。东汉时期的带钩亦以这三式多见，钩纽几乎都是在中部或接近中部。钩体以素面为主，很少饰纹。东汉带钩长短均有，10—15厘米长的带钩比西汉时期在数量上有很大增加。东汉时期北起今内蒙古、辽宁，南到两广、云贵，东达江浙，西去玉门关外，都有带钩出土，这是历史上带钩分布最广的时代。

进入魏晋，是带钩的衰落期。西晋时期带钩已不多见，东晋以后更少。洛阳发掘的54座西晋墓，只出一件带钩。西晋带钩以曲棒形发现为多，但它与前代同式带钩有一个重要区别，即钩纽都在钩背中部并略偏向钩首处，而不是偏向钩尾。过去发现最多的琵琶形带钩此时已不见。魏晋时期带钩无论从分布范围、出土数量、工艺制作和种类上看，都很快地衰落下去了。

带钩的出现及其传播过程是怎样的呢？王国维在《胡服考》中，认为带具源于鞍具，"欲知带制，必于鞍制求之"。他这里如果指的是带扣之类，那无疑是正确的，考古发现的魏晋以后带饰有些就很难区分究竟是带具还是鞍具。但他的说法如果也包括了带钩在内，就不尽然了。

陕西长安客省庄春秋晚期至战国早期的墓中曾出土三种S形带钩，为扁平铜片制成，侧视呈S形，两边有凹槽，发掘者认为它们的用途和带钩相似，时代定在战国早期或更早。这种S形带钩在陕西凤翔秦墓中也有发现，时代都属于战国早期。此外，西安半坡也见到一件类似的铁带钩，新近在甘肃马家塬战国墓也有出土，而且制作十分精致。从伴存物情况判断，这些S形器作带钩使用的可能性是存在的，它们应是原始型带钩之一种。

大型带钩和小型带钩是同时独立发展起来的，虽然它们开始在形体上差异较大，但由于用途上的变化，造型逐渐趋向一致，都是钩首、钩体、钩纽合为一体。从实用的意义出发，大小之别始终存在，但是在大钩与小钩之间，并不存在由小到大或由大到小的发展规律。

自中国本土起源的带钩，随着时代的推进，传播的范围越来越广，东汉时期分布最广，魏晋以后范围最小。其传播过程分为七个阶段：

从春秋中期到战国早期，带钩分布的范围北不过辽河，南不到岭南，西及宝鸡，中心在三晋和关中地区。最早的带钩和原始型带钩都是在这里发现的，除长牌形以外，各式带钩均有发现。

战国中期，带钩的分布扩大到四川盆地的巴蜀地区，长牌形带钩开始见到。

战国晚期，带钩分布范围扩大到岭南地区，岭南发现的数量、种类都比较少。

从秦统一到西汉时期，带钩分布的北限和南限稍有扩大，北及今辽宁北部（匈奴或鲜卑故地），南到贵州（古夜郎之属），但与战国时期相比变化不大。

西汉中晚期，带钩继续向西南传播，到达古滇国之域的今昆明附近。

东汉时期，带钩在原有分布范围的基础上，又开始向西北传播，通过河西走廊，出玉门关，到达新疆东部地区，这是考古发现的带钩分布范围最广的时期。

魏晋以后，带钩分布范围大大缩小，基本维持在早期阶段的范围以内。

前后两个阶段带钩的分布范围都比较小，反映了带钩由始作期，经鼎盛期、普及期，到衰落期的发展过程。

捌

画 漆

打探刘家私府

刘贺在那个"海"边立国为侯，只四年光景，就没了性命。虽然这期间他也想过，复辟不了皇位，当个豫章王也成，结果没能如愿。他这几年的日子比较难过，极不痛快，肯定很不喜欢这个海昏侯的封号，心想还不如他老子那个昌邑王顺气呢。昌邑这个名字他带到了豫章，现在南昌新建区的昌邑乡，应当是那时候传下的名字。就是南昌之得名，有人认为也与昌邑有关，南边的昌邑嘛，理所当然。

由墓中出土器物观察，刘贺很怀念昌邑，那是儿时的乡关，也是王位的依托之所。他的随葬品，好多还写着昌邑年号，显然是从前的旧物，他从远方带来，又将它们带到另一个远方。也许这墓中很难见到铭有"海昏侯"的器具，也许一件都不会有。

墓中出土的漆器，有几件标有昌邑年号。目前公布的两件，分别记有昌邑九年和昌邑十一年制。漆器上的文字披露了很多信息，在此仅就两器同样出现的"私府"发点议论。这里的私府，显然是指主导器物制作的机构，通过文献记载可以有个初步了解。

私府作为宫中机构，始于秦时，汉承秦制，略有发挥。有解释说私府就是汉代后宫中收藏钱物的府库。《后汉书·百官志四》记载：中宫私府令一人，六百石。主中藏币帛诸物，甚至裁衣洗被也是其职掌范围。这是一个后勤管理部门，管理者由宦者出任，是因为要在后宫行走的缘故。但汉代诸侯藏钱物的府库，也称为私府，如《汉书·路温舒传》说"上善其言，迁广阳私府长"，后来这路某人另有升迁，官至临淮太守。颜师古注说："藏

图79　昌邑漆器铭文（九年）　　　　图80　"昌邑十一年"木笥

钱之府，天子曰少府，诸侯曰私府。"诸侯王的私府长应当不必选择宦者担当吧，但是却要由皇上任命，可见还是个公职。《汉书·百官公卿表》说，皇后宫官詹事的属官有私府令丞；《后汉书·百官志》说，皇后宫官大长秋的属官有中宫私府令丞，均为宦官。有研究者说，就私府的性质、地位及职掌范围而言，大致与御府相当。只是御府是少府属官，主要为君主服务；私府为詹事或大长秋的属官，主要为皇后服务。诸侯的私府，不论是王与后，也许要一并总理了。

昌邑私府，显然不仅只是干点收检衣物、数数五铢钱的勾当，那么多的黄金，也一定是经理过的。私府还要负责制作器物，这两件漆器很能说明问题，还造了许多铜器，工（功）莫大焉。

私府也以印信行事，虽然明打着私家旗号，人家办的却也算是公事。当然，不论是昌邑还是海昏，如有私府印，也不应当出现在刘贺墓中。

图 81　流云纹漆案

有价"工牢"

刘贺墓出土的一些大件漆器，有的书写了器名、编号、尺寸，有的还写明制作年月日及制作者的名字。有的甚至标注着明确的价值，这价值里还将人工计算在内。

标有定价的漆器，计算成本时提到"工牢"一项，这工牢应当是工匠的报酬，是工值，也就是工钱。工牢，这"工"字比较好理解，就是工匠；可这"牢"字，对于现代语而言，却是语义很不明朗，它自然与牢笼、牢固之类的含义无关。有人解释说"工牢"就是功夫很牢固，造物很结实，这与语义相差太远了，漆文罗列的是成本，牢固如何计入成本？东汉及三国时期，由于漆器生产的民营化，漆器上出现了一些广告性质的文字，强调漆器做工结实，书写有"牢""坚"字样。也有人理解这可能是指

图82 "工牢"漆文

漆器的一种工序，不同于广告。不过它与"工牢"含义不同，则非常明了。工牢与牢固无关，它具体是指什么呢？

漆器上的"牢"字如何理解，得看看汉代人怎么说。《史记·平准书》记载有"愿募民自给费，因官器作煮盐，官与牢盆"。其中的"牢"字，注家说："牢，廪食也。古人名廪为牢也。"这里的"牢"，就是饭钱，也就是工值。《玉篇》也说，牢就是廪食。虽然有人将"牢盆"连读，认为就是煮盐的大盆，但我们觉得这两字要分开理解，是说政府给工钱工具，鼓励盐民去煮盐。所以有注家直言："牢，价值也。"

帮助理解工牢的，还有牢禀一词。《后汉书·西羌传·东号子麻奴》中有"诸将多断盗牢禀"一语，李贤注引《前书音义》说："牢，价值也。"《资治通鉴》汉灵帝中平四年（187）记载："乌桓以牢禀逋县，多叛还本国。"胡三省注言："牢，价值也。禀，给也。"牢禀这个词，唐宋以后还在使用，如《宋史·吕公弼传》说："卫兵年四十以上，稍不中程者，减其牢廪，徙之淮南。"对年纪较大的兵士，要削减工资待遇。

还有那个滥竽充数的故事，回味一下可帮助我们记住牢廪的意思。故事见于《韩非子·内储说上》，原文是这样的："齐宣王使人吹竽，必三百人。南郭处士请为王吹竽，宣王说之，廪食以数百人。宣王死，湣王立，好一一听之，处士逃。"齐宣王喜欢听竽，掏钱养着几百号人，也包括不会吹竽的南郭先生。"禀"和"廪"写法不同，意思相同。

汉代《盐铁论》中说的"一文杯得铜杯十""一杯桊用百人之力，一屏风就万人之功"，说的是漆器制作是个费工的活路，这里面的话虽然显得比较夸张，但工值——"工牢"是制器成本非常重要的组成部分，是可以想象得到的。

货真价实

海昏侯墓随葬器物中，有的标注着明确的价值，是造价，精准的成本价，即出厂价。

标有定价的器物，主要是一些漆器。造作漆器，包括漆木各类材料和工匠的报酬，定价要综合考虑，漆文将这些内容都罗列出来，然后列出"并直"，也就是合计开销的成本，以铜钱计。漆文所见计数，有漆盾上的"五百五十三"，木笥上的"六百九十七""九百六十一"。

见到这样精准的定价，让人感到很惊讶，一件漆器价值的零头可以精确到一文钱，这是如何做到的？

在汉代时，漆器比较贵重。在宫廷关于"盐铁"管理的论辩中，有人称一只彩绘漆杯可抵十只铜杯，一只漆杯要经百人之手，一张漆屏则费万人之工，所谓"一文杯得铜杯十""一杯棬用百人之力，一屏风就万人之功"（《盐铁论》）。漆器制作耗工费时，从海昏侯墓出土漆器之漆文得到证实。这样看来，漆器有个严格的定价，似乎是可以理解的，造价高，还要高得让你相信货真价实。

出现一文钱的零头成本价，只有一个原因，那就是批量生产，平均计价。有两件漆木笥标价相同，都是"并直九百六十一"，而且都是昌邑九年造，显然是批量生产，平均计价。如果不是这样，那么精确到一文钱的零头，是很难取信的。另外，从两器的书写风格观察，也应是出自同一人之手，说明某漆工负责完成了这次批量生产。

盾牌写有"廿"、木笥写有"卅合"字样，表明分别制成了二十盾、三十笥，这便是一批的数量。

图83 丹画盾漆文　　　　　　　　　　　　图84 刘贺随葬漆器

据研究考证，汉代前期官员的月俸大体是以铜钱发放，有时是半谷半钱。俸以钱计，二千石级别的郡守们，大约可领到月俸二万。如果用来造定价高些的漆木笥，只能造出二十个来。昌邑王一次造了三十笥，花去一个郡守一个半月的俸钱。

明白了这些漆器的价值，可以理解为什么它们会跟着刘贺辗转一二十年，最后跟着他去了另一个世界，那真的是很贵重的家什。

绪银漆器

刘贺墓中出土大量漆器，彰显那一时代的贵族生活时尚。一些漆器刻写着名称、数量，也间接透露了制作技法。其中有一件描绘有精美纹样的漆碗底部，刻写着这样五个字：

绪银椀十枚

图 85　绪银碗

这里的椀，同碗。绪银碗，自然不是说的银碗，度其意，指的是用白银作装饰，"绪"字值得推敲。十枚即十件，汉时喜欢这么说。

西汉后期开始，漆器制作工艺出现一些新的装饰技术，如填漆、戗金和描金银，有的工艺比较复杂，描金银应当属于比较简单的一类，绘画方法并没有实质改变，但是颜色材料不同了，红黑金银辉映，漆器色泽更加绚烂多彩。

描金银，是以金粉、银粉制为涂料描绘纹饰。一般是与漆绘结合采用，在纹饰的显要处点缀，有画龙点睛之功。山东、江苏和湖北都出土过描金银漆器，多是在龙纹、鸟纹上描绘细部。

这次刘贺墓中出土的漆盘上，见到直接书写的"绪银"字样，它是否指的是描金银呢？

应当不是。其实由文献分析，汉代有涂绘金银的工艺，造出一个专门的字，叫扣。当然，如果称扣，按《说文》的解释，是"金饰器口也"。《说文解字注》也说，一般是指以金饰器口，"谓以金涂器口"；又引《汉旧仪》说，"大官尚食，用黄金扣器。中官私官尚食，用白银扣器"。用金用银，还有等级分别。刘贺墓出银扣漆器，也是合乎规制的。

《后汉书·和熹邓皇后纪》提到"蜀汉扣器"，说明蜀中漆艺当时领先潮流。有注说："扣，音口，以金银缘器也。"很明白，金银装饰器物口沿，是为扣。所以扬雄的《蜀都赋》，才发出了"雕镌扣器，百伎千工"的慨叹。

刘贺的漆碗，器口正好涂有银色，器腹亦涂一周，正好合了扣器之实。只是仅以一个"银"字略作标示，过于简省了。这个银，一定就是银扣之意。

还有一个"绪"字，又是何义？

还是先看《说文》中查找出的线索。《说文》解释"纻"，说"纻或从绪省"。这个绪，就是纻。而纻则是粗麻布，汉代夹纻漆器，胎体用的就是它。这样说来，绪即纻，也是夹纻的省写。湖北云梦大坟头汉一号墓出土物疏牍记有"绪杯"，与刘贺绪碗类同。这个绪，似乎也曾写作"褚"，河北满城汉墓出土布胎漆盘铭文作"御褚饭盘一"，有研究者认为褚即纻，也是指的夹纻胎。

漆工省却了两个字，让我们费了这一番脑子，不过应该是弄明白了。替漆工重写碗上文字，可以是这样：

夹纻银扣椀十枚

这种绪银漆器，在刘贺墓中还有发现，其中有一件六升盘，在沿边写有"绪银"字样，也是珍贵的标识。

在漆器上大面积涂金涂银，是西汉中期后的新时尚。随着刘贺墓考古室内整理工作的推进，相信会见到更多的银扣漆器。如果突然出现了金扣漆器，也用不着诧异，他祖上传下来的物件中兴许真有这样的宝贝。

图 86　丹画盾出土情形　　　　　　　　　　　　　图 87　盾牌漆文

画盾涂丹

刘贺墓出土漆器中，有一种漆盾牌引人注意。漆盾牌上有漆书文字，记录了制作用料、成本价值和制作时间与数量。前面的十多个字提到了漆盾的名称，很特别，称为"丹画盾"：

私府髹丹画盾一用漆二升十钥……

何谓丹画盾？由字面似乎不难理解，用红色画成的盾牌。刘贺墓出土了不少漆木盾牌，有的就绘有仙人等图像，这些应当就是画盾，又因为采用的是鲜亮的红色作主色，所以称为丹画盾。

图 88 彩绘龙凤纹漆盾（战国 湖北江陵李家台4号墓出土）

类似的西汉时期的画盾，过去考古就有发现。如湖北江陵凤凰山汉墓出土一件画盾，外廓作龟形，盾面朱绘有仙人仙兽奔走的图像，这就是丹画盾之一种。山东临淄齐王墓陪葬坑也见到过这样的盾，在黑褐色的漆地上绘朱色图案，也属于丹画盾。

　　说到丹画盾，还让人想到1976年广西贵县罗泊湾一号汉墓的发掘，发掘者认定墓主人是南越国桂林郡的最高官吏，时代属西汉早期。墓中出土木牍遣策，自题为"从器志"，是随葬器物的记录。《从器志》中就记有一件"丹画盾"随葬。这个盾名是罗泊湾最早发现的，刘贺墓再次发现这一盾名的实证，实属难得。

　　看着一件丹画盾，细细琢磨上面的画意，汉代人的心思表露无遗。现在还没有见到刘贺墓丹画盾图形，相关的讨论留待来日。

　　不过可以想象，丹画盾一定很美艳。如果是一列军士执盾而立，再举起一柄长戈，且行且舞，那阵势一定壮观极了。《礼记·文王世子》说："春夏学干戈，秋冬学羽钥。"孙希旦集解说："干戈，武舞。"这里的"干"，就是盾牌。有一种说法，说秦人称为"盾"，东方六国称为"干"，这区别真是够大的。干戈，现在也不难懂，若是说成"盾戈"，一时还不易回过神来。

　　这种丹画盾的用途还值得研究，是仪仗用，还是实战用，有待将来的结论。

锦瑟多少弦

　　海昏侯墓出土了一件带有漆书文字的瑟禁（琴），漆文如下：

图 89　二十五弦瑟（战国　湖北随州曾侯乙墓出土）

图 90　浮雕十弦琴（战国　湖北枣阳九连墩 2 号墓出土）

图 91　彩绘二十三弦瑟（战国　湖北枣阳九连墩 2 号墓出土）

图92 "昌邑七年"漆瑟及瑟禁（琴）

第一 卅五弦瑟禁长二尺八寸高七寸昌邑七年六月甲子礼乐长臣乃始令史臣福瑟工臣成臣定造

这些字书写了器名、编号、尺寸，并有制作年月日和督造乐官与乐工名字。从更清晰的照片看，器名为"瑟禁"，对这一名字的认读分歧不存在了。瑟禁，应即瑟琴，按《说文》，琴，禁也。禁者，吉凶之忌也，引申为禁止。又引《白虎通·礼乐》曰："琴者，禁也，以禁止淫邪，正人心也。"当然这次要讨论的，重点是瑟弦的数目。漆文明指是"卅五弦"，可这三十五弦瑟在以往的记载中，似乎并没有出现过，何来这三十五弦瑟？

由以往的考古发现看，东周至汉代，常有漆瑟出土，明确为二十五弦。如湖北随州战国初曾侯乙墓出土十弦琴和二十五弦瑟，其中瑟有五件。湖南长沙、河南信阳、湖北江陵等地楚墓及长沙马王堆汉墓都出土有瑟，多为二十五弦，也有报道说见到过二十三弦瑟。

关于二十五弦瑟，据《说文》言瑟为"庖牺氏所作弦乐也"，徐铉说"黄帝使素女鼓五十弦珡，黄帝悲，乃分之为二十五弦，今文作瑟"。又据《尔雅·释乐》说"大瑟谓之洒"，注说这洒为"二十七弦"。

清秦嘉谟辑补本《世本·作篇》也说："瑟庖牺氏（伏羲）作瑟，五十弦，黄帝使素女鼓瑟，哀不自胜，乃破为二十五弦，具二均声。"《周礼乐器图》又说："雅瑟二十三弦，颂瑟二十五弦，饰以宝玉曰宝瑟，绘纹如锦曰锦瑟。"有关二十五弦瑟，在《史记·封禅书》中也有提及，说是武帝灭南越后，"嬖臣李延年以好音见"，公卿议兴乐祠天地，有人提到"太帝使素女鼓五十弦瑟，悲，帝禁不止，故破其瑟为二十五弦"。"于是塞南越，祷祠太一、后土，始用乐舞，益召歌儿，作二十五弦及空侯琴瑟自此起。"此说也见于《史记·孝武本纪》，文字略有出入，说是"泰帝使素女鼓五十弦瑟，悲，帝禁不止，故破其瑟为二十五弦"。原来二十五弦瑟是由五十弦瑟破半而成，让人疑信参半。注意，这里提到的李延年，就是海昏侯刘贺的舅公，汉代二十五弦瑟的流行，与他有关。当然，传说中的二十五弦瑟，究竟是黄帝还是伏羲破半而成，也就无法追究了。

五十弦瑟出现在古老的传说中，也出现在后人的诗文里，如唐李商隐《锦瑟》诗"锦瑟无端五十弦，一弦一柱思华年"；李贺《上云乐》诗"三千宫女列金屋，五十弦瑟海上闻"；宋辛弃疾《破阵子》词"八百里分麾下炙，五十弦翻塞外声"；元陈普《鼓瑟》诗"满楼明月调云和，五十弦中急雨过"。真的有这样的瑟吗？

二十五弦瑟有这样的背景故事可以叙述，可三十五弦瑟又有何来历呢？《史记》中似乎也可寻到它的影子，见于《三皇本纪》的记述。当然这是小司马（唐代司马贞）的作品，不能与大司马（司马迁）相提并论，但他也宣称是参考了许多文献写成的。他是这样说的："太皞庖牺氏，……作三十五弦之瑟。"这种说法让人怀疑，这里的三十五为二十五之误。前引《史记》中两提二十五弦瑟，都是同一个传说，不应当出入如此明显。

可是，这海昏侯的三十五弦瑟从何而来，那会儿可以没有根据胡造这么一张瑟吗？

面对瑟上漆文，让人不得不生出这样的疑问：也许制器的瑟工犯了一个与小司马同样的错误，将"廿"写成了"卅"？或者是我们现在认错了漆文，那原本就是个"廿"？

凑巧的是，照片上的字被泥土掩去了关键笔画，洗净之后，也许一切冰释。

屏风之惑

2015 年 11 月 14 日上午，在南昌西汉海昏侯墓主椁室考古发掘过程中，考古人员发现一组漆器屏风。屏风出土时呈倒地状，已碎裂成多块。考古人员在清理屏风表面时，发现写有孔子生平的文字以及孔子画像。

图 93　镜框背板拼合图

这是最早报道的屏风出土消息。12月2日下午，考古人员对主椁室的文物进行提取，首先出土的是一件有孔子及其弟子画像的屏风，历经2000多年时光，屏风上的漆画颜色依然非常鲜艳，文字也清晰可见。消息称主椁室再次出土"孔子屏风"，说由于墓室遭遇坍塌，一条大梁横亘在东西室之间，在提取完这条大梁之后，又有一部分文物呈现出来，其中就有一件屏风，这件屏风与11月14日提取的"孔子屏风"为一个系列。

报道说，这个屏风上可以粗略看到孔子和他弟子的画像，孔子和他的弟子每人都有一个故事写在上面。屏风从西向东倒下，当时盗墓者打在主椁室上的盗洞，对屏风造成了一定的破坏。这件屏风经过后期实验室清理和修复后，将与提取的首件"孔子屏风"进行组合，再现西汉屏风光彩。

想来海昏侯墓发掘近来似家喻户晓，与出土大量黄金和所谓"孔子屏风"有关。金灿灿的黄金，那是毋庸置疑了，可屏风呢，是屏风吗？

千篇一词，有点铺天盖地的气势，屏风容不得有疑。

其实闻知出土屏风的报道时，笔者心中多少生出一些疑惑，主要是觉得它的规格似乎小了一些。整体高度不足1米，虽不算太低，在人处坐姿时勉强可以遮挡。但宽度太窄，很难遮蔽住人体。后来又想到，一座漆木屏风，为何背面要用平光的铜板作衬，为的是增加它的强度吗？这铜板的用处，应当与加固无关，也没有这个必要。如果想要更加坚固，可以直接增加木板的厚度，而不必额外贴上一块铜板，这铜板一定另有来头。

于是，笔者就冒出了一个大胆的推测，这一组复合构件并不是屏风，而应当是铜镜。那铜板不是背板，不是陪衬，它是主角。

西汉时期真有这么大的铜镜吗，而且还是一块方镜？大家可能有了点天方夜谭的感觉，这样的颠覆性说法，太唐突了吧？

这个推断并非没有依据，其实这样的铜镜，过去的考古就有发现。1980年山东淄博窝托村南西汉齐王墓五号陪葬坑中，出土一件大型矩形铜镜，现收藏于山东省淄博博物馆。镜长115.1厘米，宽57.7厘米，厚1.2厘米，重56.5千克。方镜背部有五个环形弦纹纽，每一环纽基底饰柿蒂纹，镜背饰有夔龙图案。发掘者推测这件大型铜镜要用柱子和座子支撑，镜背面和边上的纽可能就是与柱子和座子固定时用的（《西汉齐王墓随葬器物坑》，《考古学报》1985年第2期）。

齐王墓的方镜与刘贺"屏风"上的铜板并无太大区别，只是体量更大。若仅以大小而论，大刘的这块铜板可以是铜镜。齐王方镜只存镜面，镜框之类的附件没有保存下来，刘贺墓的发现可以与之互证。

诸多疑问在心头，最近因为受海昏侯墓考古队杨军队长之邀，有幸目睹了许多出土品，也见到此"屏风"真身。现场与漆木器考古专家吴顺清老师交流，笔者提出了自己的初步判断，得到他的认可。

非为屏风，疑是立镜，对于刘贺"屏风"具体解构如下：

镜架　由出土现场图片就可以观察到，镜架主体为方框形，以稍厚实的方木合围，中间嵌置镜面和镜背。镜架四周或有雕饰漆绘。镜架当立于镜座之上，镜座形制尚不明了。

镜面　那个被称作屏风背板的铜板，就是镜面。镜面方形，以铜铸磨成形。镜面硕大，高约80—90厘米，宽约50厘米。这样的镜面不可谓不大，但较之年代更早的齐王镜，只能屈居第二。

镜背　漆木质，绘有孔子及弟子画像，书写孔子及弟子生平事迹。

镜掩　此镜较大，兴许有遮盖的设计，如门户一般，可开可合，暂名之曰"镜掩"，掩而盖之。又因镜架主体为漆木之质，镜掩或许亦是，后期清理中可留意，应当会有所发现。

镜铭　汉代铜镜，多加铸铭文，寓情喻意。

刘贺之方镜，如有铭文，当随西汉后期风尚，书写镜之用途用意，而且非常文学化。镜铭书写的位置，由于发现的背板没有见到相关文字，推测应当在"镜掩"上。

镜铭的具体文字，参照下列西汉后期镜铭，差别或许不会太大。

洛阳方格规矩四神镜："福熹进兮日以前。食玉英兮饮澧泉。驾交龙兮乘浮云。白虎引兮上泰山。凤凰舞兮见神仙。长保命兮寿万年。周复始兮八子十二孙。"（《洛阳西郊汉墓发掘报告》，《考古学报》1963年第2期）

方格规矩四神镜："昭是明镜知人请［情］。左龙右虎得天菁。朱爵玄武法列星。八子十二孙居安宁。常宜酒食乐长生。"（铃木博司《方格规矩四神镜图录》24）

图 94　四神规矩纹镜（东汉）

图 95　博局镜（汉代）

图 96　瑞兽镜（东汉）

四神镜："角王巨虚辟不详［祥］。仓龙白虎神而明。赤鸟玄武主阴阳。国宝受福家富昌。长宜子孙乐未央。"（罗振玉《古镜图录》中 3）

西汉晚期铜镜纹样开始大量出现四神图像，上述数镜不仅铭文中有四神，同时也有四神造像。报道说，有一些漆木构件上的动物纹样，可能与该"屏风"有关，其中可能就有四神。刘贺方镜附件上是否会出现四神，也是值得期待的。

刘贺方镜如何称名，也是可以讨论的。因为出土位置是在主椁西室门口附近，应当有避邪的用意，或者可以认作守门驱邪

图97　衣镜架出土情形

镜。又因为镜面硕大，日常可作正衣冠之用，也可以取用一个现代用语认作穿衣镜。

镜子，对汉代人而言，不仅照容面理衣冠，还被赋予了太多的含义。可以排遣相思，可以追求富贵，可以长宜子孙，可以驱邪避灾，再想得高尚一点，可保国泰民安。如长沙出土圣人镜，铭曰："圣人之作镜兮，取气于五行。生于道康兮，咸有文章。光象日月，其质清刚。以视玉容兮，辟去不祥。中国大宁，子孙益昌。黄裳元吉，有纪纲。"（长沙211号墓，《长沙发掘报告》，1957）中国大宁，境界确实高尚无比。

刘贺方镜如有铭文，铭文中有无这样的境界，现在还不得而知。也许镜铭中依然有与孔子相关内容，这一定是一面孔子主题铜镜。

图 98　衣镜掩背面《衣镜铭》

刘贺《衣镜铭》里说的啥

海昏侯墓出土的"孔子屏风",因为上绘孔子像,录有孔子生平,曾经震动考古界。不久,笔者指出那不是屏风,而是一面大立镜,是一面穿衣镜,推测当有衣镜铭一类的文字一同出土。很多人不以为然,不相信有那样大的铜镜,而且居然还是方形的。

现在发掘者将初步研究公之于世,明确认定这是一面铜镜,而且公布了镜掩上的《衣镜赋》,姑且称为刘贺《衣镜铭》。发掘者对衣镜的构造做了复原,研究结论非常可取,笔者在这里想先就这篇漆书镜铭写点读后感,对于铜镜的其他认识拟另文考论。

之所以称为镜铭而不叫赋,是依据一般铜镜铭文的成例。镜掩上的漆文为韵文,句式与常见的铜镜铸铭相同,意境也有完全相同的,所以就称为铭了。又,文字中直接写出了"衣镜"之名,还有孔子相关图文,所以笔者主张称名为"孔子主题衣镜铭"。

让我们先来读读《衣镜铭》释文。文字大部分保存较好,标准的汉隶并不难认读。遗憾的是镜掩有少部分破损，缺失一些文字，倒也无碍整体镜文的理解。

[《衣镜铭》释文]
新就衣镜兮佳以明
质直见请兮政以方
幸得降灵兮奉景光
修容侍侧兮辟非常
猛兽鸷虫兮守户房
据雨蜚雾兮匦凶殃
傀伟造物兮除不详（祥）
右白虎兮左仓龙
下有玄鹤兮上凤凰
西王母兮东王公
福熹所归兮淳恩臧
左右尚之兮日益昌
[×××]圣人兮孔子
[××]之徒颜回卜商
临观其意兮不亦康
[心]气和平兮顺阴阳
[千秋万]岁兮乐未央
[亲安众子兮]皆蒙庆
[××××××××]

公布的释文十九行，包括缺失的一整行。笔者推测应当缺失两行，合计是二十。现在我们就来粗读一遍，看看有些什么内容需要更细的思索才能理解透彻。

1. 新就衣镜兮佳以明

新造了一面衣镜，既漂亮，又明亮。点明主题，这是衣镜，是穿衣镜。

2. 质直见请兮政以方

质直是正直之意，政以方是说明铜镜的形状为方形。此句当为双关语，另有方正的寓意。

3. 幸得降灵兮奉景光

这个"降"字不能确认，但整体意思是明确的，是说镜面光亮。

4. 修容侍侧兮辟非常

5. 猛兽鸷虫兮守户房

修容、侍侧，是说铜镜为身边常用之物，修容、侍侧原本是后宫嫔妃名号。猛兽鸷虫，害人之物，《淮南子·氾论训》："为鸷禽猛兽之害伤人，而无以禁御也。"有了大镜子，这些伤人之物就进不到房间里来了。这里一句说的是护身，一句说的是守宅，汉代人认为铜镜有这样的功能。

6. 据雨䖵雾兮匃凶殃

7. 傀伟造物兮除不详（祥）

两句都是说铜镜有除凶避邪的能量，这也是汉代时普遍存在的观念。

8. 右白虎兮左仓龙

9. 下有玄鹤兮上凤凰

汉代四神之象，以青龙、白虎、朱雀、玄武为常谱。这里变朱雀为凤凰，还比较好理解，但改玄武为玄鹤，却是前所未闻。龟、鹤均为长寿之象，也许因此可以互换吧。

10. 西王母兮东王公

西王母、东王公和四神同时描绘在铜镜上，这做法并不多见。从这一点看,铜镜也明显透露出道教观念的影响。

11. 福熹所归兮淳恩臧

12. 左右尚之兮日益昌

这是祈福之语,类似汉镜铭文常见。

13. ［×××］圣人兮孔子

14. ［××］之徒颜回卜商

这里提到孔子和他的弟子,与铜镜背板上的孔子与弟子漆画相呼应。

15. 临观其意兮不亦康

面对铜镜,揣摩孔子的道理,不也是一件开心的事吗?

16. ［心］气和平兮顺阴阳

17. ［千秋万］岁兮乐未央

这两句也都是汉镜铭文常用语,意为心气平和,快乐到永远。

18. ［亲安众子兮］皆蒙庆

"亲安众子"为笔者妄补,不会很准确,大意应当如此。此语及后面缺失的两句,猜测是为后代祈福的,也是汉镜铭文常有的意境。

刘贺这衣镜照衣照面,也有照心的用途,还能求福驱邪,看门守宅。与其他汉镜明显不同的是,这是一面孔子主题镜,除了常用照面,刘贺还用它修身养性,他显然是在用孔子语检视自己,约束自己。当然,这种约束已经晚了,如果早些醒来,他的历史,他之后汉代的历史,也许就不会这么写了。

玖

滋味

其实它不是火锅

在那个大湖边,西汉海昏侯墓葬不小心出土了,发现了他的许多宝贝,其中有一些在那时就已经成了古董的家什。西周特色的提梁卣,也许就是海昏侯当年的心爱之物,也和他一起埋葬在墓中。

人们还注意到一件鼎类器,因为它的腹下连铸着一个可能是炭盘的附件,于是被安上了一个现代名称,媒体直接称之为火锅。这物件似乎时代应不属于西汉以至西汉末,这种高足鼎在当时并不时兴了,具体时代再考。

它的用途也应与火锅不同。汉代发现过一些小型火锅器具,都是单人使用的食器,与当时流行的分餐制相适应。可这具"火锅"形体较大,甚至比当今多人共涮的锅子还大许多,由此看来,它并不适合抬上那方可以由一位妇人轻举起来的小食案,要举案齐眉,很难!

它很可能是一件烹饪器具,可名为温鼎。鼎口较小,便于保持食物的温度,再添点炭火,慢慢煎熬,时辰足时味自美。

青铜染炉

海昏侯墓出土了几套青铜染炉染杯。这种染炉染杯流行于西汉中晚期,是贵族时兴的餐具,用炭火温热杯中调料,将肉食染味再食。

染炉是一种形体小巧的器具,以青铜铸成。它的构造可分为

图 99　蹄足环耳青铜温鼎

三个部分：主体为炭炉，下部是承接炭灰的盘体，上面放置一具活动的杯。20世纪50年代在湖南长沙发掘出一套这样的炉具，年代为西汉晚期。发掘者认为炉具可直接放在食案上，用于温热肉羹，因此名之为"烹炉"。不久，在河南陕县也出土一套，年代定在西汉中期，定名为"温炉"。到了80年代，同类炉具又发现了好几套，如山东昌邑有一套，定名为"熏炉"，以为作熏香之用；河南洛阳金谷园出土两套，发掘者认定是"温酒炉"；陕西茂陵（汉武帝刘彻陵墓）附近的一座从葬坑中，也出有两套，炉体和杯体上镌有"阳信家铜炉"和"阳信家铜杯"的铭文，发掘者也称之为"温酒器"。此外，四川成都，陕西咸阳，山西太原、浑源和平朔，也都先后出土过这种炉具，有的炉盘内还遗有木炭，它们无一例外地都被称作温酒器，都属西汉时期。

　　本来，这种带杯的炉具在50年代以前就有发现，有的甚至流散到国外，美国芝加哥博物馆就收藏有一套。这种炉具的出土，很快引起了研究者的注意。已故著名考古学家陈梦家先生

图 100　镂空方形鼎式青铜染炉

曾将炉上的杯称为"鍪",定为烹饪器。商承祚先生不大同意这个说法,容庚先生则根据另外两件传世炉具的铭文"平安侯家染炉""史侯家染炉(染杯)",正名为染炉和染杯。

后来一些学者认可了这种命名,并由铭文的"染"字,认定这炉具是汉代贵族家庭染丝帛的工具。近年来的研究又表明,它既非染色炉,亦非温酒器,而是一种食器,是专用于温食豉酱的器具。研究者援引《吕氏春秋·当务》所记载的一则寓言来论证,寓言说的是齐国有两个武士,他们分住城东和城西,一天偶尔相遇途中,同至店中饮酒。饮酒无肉,结果商定互相在身上割肉来吃,"于是具染而已,因抽刀而相啖"。汉代学者高诱注此处所说的染为豉酱,是染酱而食,故此推定染炉是用于温酱的,适于隆冬时节使用。

需要指出的是,按《礼记·曲礼》的说法,古人食酱惯于凉食,并不需温热,汉代人当不至反其道而行之,还要造专门温酱的炉具来使用。从《吕氏春秋》所说的那两个狂人看来,他们在割肉互啖时,仅是"具染而已",当是言准备了染具就吃起

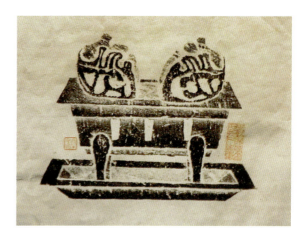

图 101　染炉全形拓片

来，而染具自然就是染杯和染炉了。说的是二人迫不及待，边割边染，这方法与我们知道的涮羊肉差不多。染炉实际上是一种火锅，可以肯定是饮食器具。染而食之，这在汉代当是一种很重要的饮食方式，染具在许多地方都有出土，即是最好的证明。

说染炉类似现代意义的火锅，用我们现在的眼光看，似乎显得过于小了一些。染杯小而浅，容量不超出 300 毫升，整套炉具高不过 15 厘米。考虑到汉代实行的是分餐制，一人一案，一人一炉，再加上其他馔品，不用担心吃不饱肚子。我们还发现，在江苏和浙江地区出土的汉代画像石上，在宴饮场面上隐约可找到类似染炉的原型，这也算是一个很好的证据。

将染炉说成是温酒器，这在考古界还相当流行。虽然炉上的染杯在汉代是一种通用的酒具，但它同时也可以做食器。我们习惯上将这种低矮的双耳杯称为"耳杯"，出土耳杯上发现有"君幸食"字样，有的里面还盛有鱼骨和鸡骨，这都是它既做酒具也做食器的直接证据。又据《汉书·地理志》的记载，"都邑都仿效吏及内郡贾人，往往以杯器食"，表明汉代官吏、商贾乃至平民,都崇尚使用耳杯进食。虽然汉代流行饮温酒,可是如果将酒杯放在炙热的炭火上,谁又能端得了这烧热的杯、饮下这滚烫的酒呢?更何况汉代温酒有专制的酒樽,热源是温水而不是炭火。

类似染具,推测在战国晚期已经较为流行。1966年在陕西咸阳塔儿坡就曾出土一套,它的染杯上也铸有四足,与炉盘连接成一体。这就更没法儿做温酒器了,怎么可以想象饮酒时连火炉都要抱起来呢?

染炉体现了汉代前后贵族饮食生活的一个侧面,它是炊器与食器结合使用的一个成功例证。它既不是染色器,也不是温酒器,而是一种雅致的食器。当代流行的火锅,与这染炉具有很明显的渊源关系。

汉造肉酱

耳杯是战国至西汉时流行的餐具之一,可用于饮酒,也可用于盛食。在汉画宴饮场景中,食案上常常摆满耳杯,杯多盘少,也是一道特别的风景。

刘贺墓中出土不少耳杯,有玉质和铜质的,更多的是漆耳杯,制作都非常精美。一些耳杯上还书写着文字,有的标示所有者名姓,有的标示用途,有的甚至直接写上它盛放什么食物。这次发现的耳杯,有一件在底部大书"脯酱"二字,说明它原本是用于盛食料脯酱的。

耳杯上"脯酱"的"酱",左写成"酉",右写作"将"字的右半角状,整字应是繁体"酱"字的省写。

图 102　刻文耳杯

脯酱当然是吃食,那它究竟是什么呢?

脯,不用说是干肉,肉干切碎再入调料腌制成酱,就成了脯酱。脯酱在周代时称"脯醢",后人理解是一种佐酒菜。《周礼·天官·膳夫》说:"凡王之稍事,设荐脯醢。"贾公彦疏认为,"脯醢者,是饮酒肴馐,非是食馔"。就是说,它不是下饭菜,而是一道下酒菜。

《说文》释酱说,"醢也。从肉、酉。从肉者,醢无不用肉也。酒,以和酱也"。说酱字里面有肉有酒,写出了主要原料,这样的解释其实并不太精当。那"酉"是器具,应当指的是酿制的过程,而"将"则点明的是它的要义,指酱的作用,也即是说,酱是将帅的角色,它可以让食物将美味更好地发散出来。

酱在汉以前可以泛称酰醢,一部分指的是调味料,孔子说"不得其酱不食",指的就是调味酱。汉代以后,酱成了面酱和豆酱的专称。但酱有种种色色,如果是别的原料做酱,可以加上原料名来命名这种酱,如肉酱、鱼酱之类。刘贺耳杯上写着"脯酱",表明这是一碗干肉酱,而不是豆酱之类。

刘贺自是乐酒好肉之辈,有这么一小杯下酒菜"脯酱",倒也算不得稀罕。其实刘贺食酱，也不算什么偏爱，一般的汉代人，与他没有什么不同。

汉代人对酱的热爱，从桓谭《新论》中的一个小故事可以看出个八九不离十。故事说有个乡下人得到一碗美味酱，心里特别高兴，吃饭时生怕别人要他的酱吃，竟公开在酱碗中先吐了一口唾沫。众人看着心里气不过，于是都向酱碗中擤了一把鼻涕，结果弄得谁也没吃成。这虽不过是个寓言类的小品，但汉代人嗜酱，由此看来却是毋庸置疑的。

汉代人对酱的偏好，还可由司马迁《史记·货殖列传》中读到，他说"张氏以卖酱而踰侈"，便是一个很好的证明。酱一定是很美的，一个人可以由酱的买卖而大发其财，让太史公好生感慨。

脯酱这款吃食，应当是下酒的一款美味，其实后代还一直在享用，这名称也保留了相当长的历史时期。如唐韩愈《岳阳楼别窦司直》诗说："中盘进橙栗，投掷倾脯酱。"现代餐桌上偶尔也是可以见到肉酱的，那一款常见的牛肉豆豉，应当就是古代脯酱的翻版吧。

蒸馏器的用处

海昏侯墓中出土一套青铜蒸馏器，这是一个很重要的发现。无论它是不是曾用于白酒的蒸馏，它的价值都不可低估。这套蒸馏器不同于以往的发现，它器形较大，构造特别，保存也很好。

在公布的发掘现场图片上，我们看到了蒸馏器在墓葬中出土的情形。蒸馏器器形主体为圆筒形，结构为双层腹体，两层腹体

图 103　青铜蒸煮器

之间有一定空隙。

　　蒸馏器的底部有透气的箅子，用于承接内腹中的蒸料。底部内凹，用于收受两腹之间的蒸汽流体，并有两根导流管用于引出蒸馏水。这是甑的改进形式，中国用甑的传统可以追溯到8000年前。

　　我们注意到，这件蒸馏器在展览时被倒置着，让人不明白它何以为蒸馏器。

　　一同出土的有铜釜，是蒸馏器的配套设备。它的上部专门开有一个进水口，用于补充釜中用水。

　　将两者对接起来，就是一套完备的蒸馏器。也许它还应当有一个盖子，不一定用铜铸造（在后面的展览中，看到了上面的盖子）。

　　这套蒸馏器没有专门配套的冷凝装置，应该是依赖外腹体自然冷却的方式采集蒸馏水，所以效率不会太高。蒸馏器使用冷凝装置，一般由甑体上部采集蒸汽和蒸馏水，反之则直接由下部采集，本套蒸馏器正是由下接导流管采集。

　　这套装置在古代叫什么名字呢？我们不得而知，但不用怀疑，它应当可以用于白酒的蒸馏。海昏侯有没有享受过这样的白酒，那就更是不得而知了。

古今一锅酒

意外发现，正在首都博物馆展出的"五色炫曜——南昌汉代海昏侯国考古成果展"中将蒸馏器改称蒸煮器了，这显然有些无奈。也许要与酒联系起来，许多学人有点紧张。这也难怪，以往构建的知识体系，没有给它预留下位置。

论说名称，宁称为蒸器，也不可称为蒸煮器，实际它只用于蒸，并不用于煮。因为它有明确的导流装置，为蒸馏器无疑。这类器具，中国古代应该会有专用名称，不过我们将它忘记了罢了。暂用蒸馏器作为代称，倒也说得过去。

这样的蒸馏器，也许不一定用于制酒，但一定可以制酒。仔细观察，这件蒸馏器有两根导流管，让人怀疑当时人是否掌握了馏分技术，这点暂且存疑。

偌大的蒸器，蒸馏产出一定也很可观。蒸器中有幸保留有板栗果，告知我们它入葬前是蒸馏过板栗的，如果是发酵的果子，那馏出的就是栗子酒。栗子可以酿酒，与五谷无异，成分以淀粉为主，有木本粮食之称。所以有点相信刘贺享用过栗子酒，他爱饮酒，但主要可能是用于疗病健体。

现代人依然还在酿造栗子酒，据说酒品不错，还有特别的药用价值。现代人也依然采用古法酿酒，蒸馏设备比较简单，原理却是一样。真可谓：

图 104　青铜樽

燎火烛水气，酿谷博精神。
好酒来古远，隔巷招醉人。

酒樽酒勺解惑

　　刘贺墓出土器物展览中，有一套樽与勺，这是汉代常用的酒具，当然还不全，它还应当配有一个承盘，这个承盘又称作"旋"。

　　说这是一套酒具，并不是一个普遍的认知，包括一些文物研究者在内，在定名和用途方面都存在较大分歧。

　　不久前，笔者应邀参与"丝路之魂——敦煌艺术大展暨天府之国与丝绸之路文物特展"的图录出版筹划，负责审订文物说明文字。当接到文字初稿时，看到的第一件器物是西汉时期的"鎏金铜斛"，所附图片和部分文字说明是这样的：

鎏金铜斛

故宫博物院藏

通高 41 厘米, 高 33 厘米, 口径 33.5 厘米, 盘径 57.5 厘米

器分上斛、下盘两部分, 通体鎏金。斛有盖, 盖中央饰四瓣叶纹, 外围饰两周宽带纹, 其内圈宽带纹上原饰有三只鸟, 现已残失。斛身饰四周宽带纹, 两侧有对称铺首衔环。斛和承盘下各具三熊足, 上嵌杂色宝石, 现多数已失。承盘口沿下铸铭文 1 行 62 字: 建武廿一年, 蜀郡西工造乘舆一斛承旋, 雕蹲熊足, 青碧闵瑰饰。铜承旋, 径二尺二寸。铜涂工崇、雕工业、涷工康、造工业造, 护工卒史恽、长氾、丞荫、掾巡、令史郧主。在东汉光武帝建武二十一年 (45), 四川成都一带的铜工制造机构西工为皇帝做了一个带承盘的量器——斛, 以雕刻的蹲熊为足, 上面有青碧和玫瑰色的装饰物。铜承盘直径为二尺二寸。……斛为量器, 铜量最早出现在战国时期, 目前所知以战国、秦、汉器物为多。此器的上半部分, 以前有学者称为奁, 认为已失去了量谷物的本义。其实这种筒形的斛, 在新莽时就已出现。东汉光武帝的建武年与王莽政权几乎相衔接 (中隔"更始"两年), 从器型发展的连贯性来看, 建武廿一年仍采用筒形斛, 实不足为奇。

关于这件器物的名称, 本来是存有争议的, 由名称还牵涉到用途, 问题还不小。

为了编著展览图录, 我觉得此器的说明要这样修改:

鎏金铜承旋

东汉建武二十一年 (45)

图 105　鎏金铜承旋

通高 41 厘米

故宫博物院藏

汉代常用盛酒器，由上旋（樽）、下承旋两部分组成，通体鎏金。旋为三足直筒形，带盖，高 32.5 厘米，口径 33.5 厘米。直腹上饰四道凸起宽带，腹中部有两个铺首衔环，底部有三足。承旋做三足平底状，高 9.5 厘米，直径 57.5 厘米。斛和盘的三足均做成蹲熊，熊足皆镶嵌有绿松石和水晶。承旋口沿下方有铭文一行，计 62 字，铭文为："建武廿一年，蜀郡西工造乘舆一斛承旋，雕蹲熊足，青碧闵瑰饰。铜承旋，径二尺二寸。铜涂工崇、雕工业、涷工康、造工业造，护工卒史恽、长汜、丞萌、掾巡、令史郧主。"

铭文详细记录了蜀郡工官为皇室制造铜承旋的时间、形制、装饰、尺寸，以及具体的制作工匠和督造官员，说明当时铜器生产已有明确而精细的分工，也是秦汉时期手工业生产管理"物勒工名"制度的具体反映，对研究汉代蜀郡工官具有重要的意义。

为何将"斛"改称为"承旋"？

虽然这两个名称都见于本器铭文，究竟哪个是器名，当有明断。"蜀郡西工造乘舆一斛承旋"，应当理解为：蜀郡的"西工"工坊，为皇室造了一斛的承旋。汉代成都城东有东工，城西有西工，是官营综合性制造厂，产品销往四方。

乘舆起初当指战车，后专称帝王之车，如贾谊《新书·等齐》所说："天子车曰乘舆，诸侯车曰乘舆，乘舆等也。"乘舆又是天子的代称，如蔡邕《独断》中所言："天子至尊，不敢渫渎言之，故托之于乘舆……或谓之车驾。"也是这样的缘故，乘舆用于泛指帝王所用的器物，《独断》中又说：天子之"车马、衣服、器械、百物曰乘舆"。

明白了乘舆的含义，知道这次造出的一批器具，就是皇家的订货。既然是订货，断然不会只有一件，应当还有同时造出的产品。当然，这里的"一斛"有些费解，斛确实是汉时的一个容积单位，十升为一斗，十斗为一斛。可是我们面对的这件器物，果真是量器？量器带三足，而且还附有一个三足托盘，显然名不副实。铭文说"一斛"，应当指的是器具的大小，指的是一斛那么大。

斛的大小，有已知的甘肃古浪出土建武十一年大司农平斛、上海博物馆藏东汉光和大司农铜斛和故宫博物院藏新莽嘉量斛相比照，三者容积都在 2 万毫升以上，以东汉 1 升约 200 毫升计，这一斛差不多就是 100 升，也就是 10 斗，正合汉制。故宫博物院的承旋，似乎容积稍大一些，也许要多出 2 斗左右。

王莽嘉量斛无论形状还是大小，与我们要讨论的承旋都很接近。这样看来，"一斛承旋"，就应是一斛大小的承旋。

不过，这其实是一种两件套器物，一件筒形器在上，一件盘形器在下，都带有同样的三足，是一套器物。承旋是什么？按铭文中说的"铜承旋，径二尺二寸"比对，盘径合 57.5 厘米，两相大体吻合。铭文也恰是刻在盘上，所以承旋就是这三足盘无疑。只是东汉尺度不大恒定，应当是大尺，长于西汉尺度，这一点就不多论了。

明确为承旋后，由这个名称很容易推导出它所承之"旋"，上面的筒形三足器当名为"旋"。

那旋又是什么？这个旋，应当是䥇。䥇，《说文》曰"圜炉也"，圆形的炉子。以后来的文献理解，䥇与酒有关，用于温酒。如南宋文字学家戴侗《六书故》说，䥇为"温器也，旋之汤中以温酒。或曰今之铜锡盘曰镟，取旋转为用也"。虽是温酒，却并非用炭火，而是用热水。

读《金瓶梅》说："武大挑了担儿，引着郓哥，到个小酒店里，歇下担儿，拿几个炊饼，买了些肉，讨了一䥇酒，请郓哥吃着。"这䥇酒，正是䥇温之酒。又有元杂剧《同乐院燕青博鱼》里，店小二有词说："自家是这同乐院前卖酒的，我烧的这䥇锅儿热，看有甚么人来。"䥇锅儿，就是酒䥇。

更多的人，倾向于将此器称为"樽"。樽的形制在汉时常见，圆筒形，外有双衔环便于提取，下附三熊足。樽下承盘，承盘较浅，也附有三熊足。此器自名"承旋"，酒樽既可盛酒，又能温酒。

说到樽，人们都会提及1962年在山西右玉大川村出土的一件汉代铜樽，因有铭文"铜温酒樽"，将此器名称与用途说得明明白白。此器与故宫博物院之器同款，反证承旋即温酒器无疑。

其他地点的发现，还有河南南阳石桥东汉墓出土的鎏金樽，也非常精致，只是没有铭文，也没有承旋。

筒形樽在战国时期已经出现，有漆器，也有铜器和玉器，一般认为是贵族日常使用的酒器。引人注意的是，湖北荆门包山2号楚墓出土两件同式铜樽，制作精致，樽内髹朱漆。出土

图 106　错金银铜樽（战国　湖北荆门出土）

图 107　鎏金青铜樽（西汉　陕西西安出土）

时却盛着鸡骨和其他禽骨，似属卤菜类佳肴。这类器具显然最初未必是固定饮酒用，就像耳杯可以饮酒也可以盛菜一样，具有多种用途。

汉代沿用酒樽，因为出土资料丰富，让我们对酒樽的使用方法有了全面了解。酒一般盛在酒瓮、酒榼或酒壶中，开饮时将酒倾入樽中，再用勺酌入耳杯进饮。

酒樽共有的特点是，腹部有两个对称的铺首衔环耳，下有三足，一般都带托盘即承旋。最值得关注的是河北邯郸张庄桥M2出土的"大爵酒樽"，形制与故宫博物院藏品全同，读铭文最让人提起精神：

> 建武廿三年，蜀郡西工造乘舆大爵酒樽，内者室、铜工堂、金银涂章、文工循、造工业，护工卒史恽、长氾、守丞泛、掾习、令史淯主。

与故宫那件承旋相比，这件制作更加精致，铭文明确昭示这是酒樽，同样是蜀郡西工制作，时间晚出两年，但工官与工匠却多为前两年的旧人，工匠真的是名传千古，一传再传。

汉代时有三爵之说，大爵自然是容量大的爵，比试酒量时当然是以大爵最为威武。

出土的酒樽实物不少，不过酒樽的用法，还得由汉画上的描绘寻找线索。河南洛阳一座东汉墓发现壁画《夫妇宴饮图》，在几案前摆着一件带承旋的酒樽，里面还有酌酒用的酒勺。河南密县打虎亭画像石上的备宴图，厨人正准备酒肴，在许多酒壶的旁边，刻画有一大一小两件酒樽。山东金乡朱鲔墓所见宴饮图画像石，宴饮的人群旁有一些酒壶，酒壶边就有一套酒樽，酒樽带承旋，樽中有勺。在朱鲔墓的另一宴饮图画像石上，宴饮者席地而坐，面前许多酒具中有两套带承旋的酒樽，有一仆人手拿勺子，正将酒樽里的酒酌入耳杯。

汉画上见到许多乐舞图像，快乐的伎乐者其实也离不了酒的刺激，在乐舞场上也有酒樽出现。河南南阳发现的这类汉画特别多，画面非常生动。

也许很多的酒樽都是蜀地制造的，交付皇家订货后，更多的产品会投放市场，蜀地的富豪也有机会得享同类款式的酒樽，所以在成都出土的汉画像砖上就出现了这样的场面，宴乐场上有大樽，也有小樽。

读汉乐府《陇西行》有云："清白各异樽，酒上正华疏。酌酒持与客，客言主人持。"不同的酒盛在不同的酒樽里，仆人酌好酒送到客人面前，酒樽的用法记得非常明白。汉末《应场》诗说"列坐荫华榱，金樽盈清醑"，也提及酒樽的使用。晋代陶渊明的《归去来兮辞》说："携幼入室，有酒盈樽。"也说到酒樽，晋人的酒具，承袭了汉代的传统。

两晋以后筒形酒樽不再使用，人们对它的名称和用法早已模糊。即使是资深学问家，在资料有限的时候，也有强解曲解的错讹。有人坚持称其为"斛"，不少学者摒弃以"斛"定名的做法，虽然赞同故宫博物院之器为酒樽，但却并不认可是温酒器。说在汉代温与酝两字可通假，唐兰先生就说："温就是酝字。"汉代有温酒、助酒、米酒、白酒等酒类，"酝，酘酒也"，"酝，重酝也"，所谓酝酒就是反复重酿多次的酒。唐兰先生说酝酒是用连续投料法重酿而成的酒，酿造过程时间较长，淀粉的糖化和酒化较充分，所以酒液清醇，酒味醇冽，是当时的美酒。由于酒性烈，因此一般为冷饮，唐先生还援引《经学通论》"酒新酿冷饮"，所以认为筒形樽盛的是冷的酝酒，并不必加热，加热温酒是人们的误解。

图108 "食官"铭青铜器

孙机先生赞同唐兰先生,也不认为樽为温酒器。那曹刘煮酒论英雄,关羽温酒斩华雄,似乎就很难理解了。当然你也可以说,他们饮的是另外的酒,那是要温一温才能饮的。

强解"温酒樽"为酿酒樽,其实不必细析这结论的不准确,只要是看过上面引论的那些宴饮图像,就可以判断酿酒之说极不可靠,也极不可信。既然是酿酒,要托上一个承旋干什么呢?其实,这承旋就是一个盛热水的盘子,将酒樽(旋)放在上面,为的是保持酒的温度。

天大食官

刘贺墓中出土的随葬器物,有的标有"食官"字样。如一件漆耳杯,底部有针刻的"食官"二字。在一件铜盆的下腹位置,镌刻着"昌邑食官销容十升重卅斤昌邑二年造"十六字,包含"食官"二字,而且明确是昌邑食官。

食官是什么官？

我们知道，历代宫廷都有食官，负责王室饮食事务。如汉郑玄注《周礼·天官》说："膳夫，食官之长也。"食官虽然文不足以治国，武不足以安邦，但常常被看作是一类最重要的官职，《周礼》将食官统归"天官"之列便是证明。

周官中的天官主要分宰官、食官、衣官和内侍几种，其中宰官为主政之官，食官在天官中的位置仅次于宰官。宫中的食官就是为帝王准备膳食的御厨，他们的活计关乎一国之主的健康乃至性命，他们的重要性不言而喻。汉代以后的"大官"或"太官"，名称正源于天官，都是宫廷食官。

各地出土的一些青铜器铭文和陶文中，常见有"大官""汤官""食官"铭，表明秦代始有明确的以"食官"为名的机构设置，汉代及以后各代沿袭。据《汉书·百官公卿表》所述，汉设少府置六丞，属官中有太官、汤官、导官，又有胞（同庖）人，均为食官。颜师古注说太官主膳食，汤官主饼饵，导官主择米，胞人主宰割，分工明了。东汉时稍有变化，据《后汉书·百官志》说，有太官令一人掌御膳，另设左丞主饮食，甘丞主膳具，汤官丞主酒水，果丞主果食。汉代陵园也专设食官，掌晦望时节祭祀，《后汉书·百官志》记"先帝陵，每陵食官令各一人"。

刘贺墓出土的铜锏上铭刻"昌邑食官"，表明昌邑王有食官这个机构设置。贬作海昏侯，刘贺也还会有食官伺候，也许会有相关证据发现。

王与侯，应当都有食官管理他们的膳食。徐州狮子山西汉楚王陵的一座陪葬墓，墓主为食官监，不仅出土有食官监铜印，还有一件精美的玉枕，可以想见这食官真有些不简单呢。

拾

问神

四神双子玉带钩

刘贺墓出土的诸多玉器非常精致，媒体揭示过一件玉带钩，整体观察工艺虽精，但形制与纹饰平平，我们曾评价说缺乏王者之气，而且推测应当有更精致的带钩出土。

果不其然，内棺又出土数件玉带钩，让我们看到了盼望中的王者之气。

内棺左右两侧，在中腰附近，各出土一件玉带钩。两带钩玉质通透，呈翠绿之色，光滑润泽，做工极精，系用同一块玉料制作，由大小取材及纹样布局与风格观察，可以判定两钩出自同一玉工之手。

纹样选取四神为题材，钩作龙首螭尾形，钩面浮雕长尾凤形，钩纽面上线刻一龟形。龙螭呼应，凤龟相对，合四面方位。因两钩同料同工同大同式同纹，可以称作"五同四神双子玉带钩"。

这四神双子玉带钩，考古也是首次发现。过去曾出土过双子铜带钩，但一般都是并联使用，可以加强带钩的拉力。刘贺的四神双子玉带钩，出土时并没有合并在一处，虽然它们并非捆绑使用，但还是可以称作双子钩，如双胞胎一般。

这应当也可称为王者之钩，王者爱双钩，也是有故事的。

巴蜀带钩有自己的特色，也受到中原人的喜爱，一定通过不同途径流入到了王廷。读到魏文帝曹丕《与王朗书》，丕白："不爱江汉之珠，而爱巴蜀之钩，此言难得之贵宝，不若易有之贱物。"曹丕似乎是引用了当时的流行俗语，所谓"不爱江汉之珠，而爱巴蜀之钩"，即不追求高贵的江汉珍珠，而更喜欢平常的巴蜀带钩。曹丕在信中为这话做了一个注解，在他看来，与其追求

图 109　双子带钩

很难得到的宝物，不如求取容易得到的实用之物。类似的言语见于早出很久的《吕氏春秋·重己》，原文为"人不爱昆山之玉、江汉之珠，而爱己之一苍璧小玑，有之利故也"。

贵重的珍宝，一般人当然是很难得到的，并非不爱，正像《吕氏春秋》所说是得不着。曹丕将江汉之珠与巴蜀之钩对提，是将贵与贱对比，将难得与易得之物对比。《吕氏春秋》提到的对比物是苍璧小玑，而曹丕提到的是巴蜀之钩，可见巴蜀之钩在当时是易得之物，在中原也成了流行时尚用品。古时比喻细小寻常事物都拿带钩说事，如"盗钩者诛""以钩注者惮""钩金舆羽"等，曹丕的话正是用了这样的古意。

魏文帝还有一纸《答刘备书》，透露出了一点相关信息。文曰："获累纸之命，兼美之贶，他既备善，双钩尤妙。前后之惠，非贤兄之贡，则执事之贻也。来若川流，聚成山积，其充匮笥、填府藏者，固已无数矣。"信中说刘备给曹丕写了一封长信，送来了许多礼物，几乎是应有尽有，礼物多得像流水像山堆，其中最让曹丕留意的是"双钩"，用了"尤妙"这样的词称赞。

曹丕偏爱的"双钩"，应当是他曾提到过的巴蜀之钩中的一种。所谓双钩，即双子钩，也就是"对钩"，是成组打造、同时使用的带钩。这样的带钩，有可能是一钩两首的双钩连体，也可能是两枚相同的带钩并联使用，有时或者多枚并列使用。

考古发现了战国时代连体的双首带钩，在战国墓中也屡见双钩或多钩并用的实例。如河北邯郸百家村3号墓三殉人一人腰部并列横置两枚带钩，另两人腰部也横置两枚带钩，57号墓一殉人腰部也横置并列的两枚带钩（《河北邯郸百家村战国墓》，《考古》1962年第12期）；河南辉县褚邱2号墓人骨腰部也见并列的两枚带钩（《辉县发掘报告》，科学出版社，1956）；山西长治分水岭25号战国墓发现四枚并列的等长带钩，钩背除纽以外，中部还有一方环形鼻穿（《山西长治分水岭战国墓第二次发掘》，《考古》1964年第3期），这样的带钩无疑是并联使用的。并用带钩与连体带钩是为了改进带钩的张力，以增强束带的力度。

双钩之制在战国已不罕见，只是汉时以至汉末巴蜀双钩妙在何处，我们还不得而知。

先曾著文考证，双子带钩有可能最先出现在吴国，吴国故地有良渚先人，他们是4000多年前带钩的发明者，吴地制作带钩有久远的传统。至战国，中原也流行双子钩，巴蜀之地后来居上，也造出让登上帝位的曹丕赏识的双钩。

现在意外又见到刘贺精致的双子带钩，这玉钩较之铜钩，又珍贵了许多。

四神之外原来还有神

当卢，一个怪怪的名词，现在可能只有考古学家知道它的意思。

当卢，正写应作"当颅"，是古代马额头上的饰品。有关这物件的记载最早见于《诗经》，《大雅·韩奕》中有"钩膺镂钖"一句，郑玄笺云："眉上曰钖，刻金饰之，今当卢也。"孔颖达疏也说："钖，马面当卢，刻金为之。所谓镂钖当卢者，当马之额，卢在眉眼之上。"又见北周王褒《日出东南隅行》"高箱照云母，壮马饰当颅"，此之谓也。

看看秦始皇陵出土的铜车马，高昂着的马头，额上的那片装饰，正是当卢。

当颅，在汉代时已写作当卢，并已有不少出土。当卢最流行的款式有尖叶形和圆盘形两类，一般以青铜制作，有的鎏金，有的造型和纹饰都很精致。圆盘形的当卢，镂空出各种动物纹饰，有的温文尔雅，有的龇牙咧嘴，风格迥异。这家什挂上马头，更像是 logo 一般，刘家的马，李家的马，互不混淆。

海昏侯墓也出土了当卢，出了多少，会有多少，目前还不得而知。见于媒体报道的有一件当卢，虽然保存得非常不好，但修复后却精美异常。

海昏侯墓葬有真车马，自然就有这样的当卢了。这件当卢精致之极，制作方法还不很清楚，复原出来的纹饰非常细腻，应当是金银镶嵌的作品。整体图形取材于四神，有龙、虎、雀、玄武，构图活泼严谨。

龙，这可是双龙，是交龙，中间居然有个驭龙的把式——神人。长肢细腰，肌块不彰，却是力大无比。它可是长着翅膀，所

图 110　鎏金凤鸟纹青铜当卢　　　　　　图 111　山羊纹银当卢

以能随着龙体一起飞腾。青龙，是东方神龙。飞人的下面，出现的是虎。虎头高昂，长尾如鞭，足跨龙体，气势汹汹。白虎，是西方神虎。跳跃一图往下瞧，我们看到的是一只鸟儿，在两龙尾梢头亭亭玉立，尖喙长尾，双翅半展，萌态可掬。朱雀，是南方神鸟。再往最下端看，是一只大龟。图片不甚清晰，龟体明确，但不知前伸的头颈是不是应当属于那条伴蛇的。有龟之象，无疑应当是玄武。或者是一只单龟，它似乎也曾经单独出演过这一角色。玄武，是北方神。青龙，白虎，朱雀，玄武，这样四神就齐备了。

不过，这件当卢要表现的似乎不仅仅限于这四神四象。在这四神的行列里，我们看到了一位侵入者。这位侵入者是一只鹿，头上耸立两角，身上有明确的斑点，而且做奔突中的回首状，仪态生动。它的位置，是在虎和鸟之间，处在四神的中间，这是怎么回事——难道它也是一方神灵？如果它是一方神灵，四神就变作了五神，前朱雀后玄武，左青龙右白虎，鹿的位置在哪里？它又是什么色彩？是黄鹿吗？

由甲骨文的发现看，四方与四方风观念的形成，不会晚于商代。但将四方配以象征性的动物形象，甚至绘出它们相聚一起的图形，那就晚出了许多时代，前朱雀后玄武，左青龙右白虎，恐怕也只能追溯到汉代或汉以前不久。就说在西汉时代，玄武的出场似乎也并不平顺，考古发现甚至在相关图像上见到的是鱼而不是玄武。

在河南永城芒砀山梁孝王王后墓中，墓室顶部有大型壁画《四神图》，中间绘一条7米长的腾龙，东有朱雀，西有白虎，北绘一鱼。这鱼显然是北方神之象，是西汉早期的作品，是四象中的另一个版本。联想到《山海经》说北方神禺强是鱼身，也许鱼形就是北方神的另象。

北方神有多面性，不仅鱼扮演过这个角色，还有鹿也曾被用作北方之象，对此，冯时先生在《星汉流年》一书中申论明确。他说四神中的玄武，最早只见于汉初成书的《淮南子》，在之前则有《吕氏春秋》中提及的龟。他认为四象起源很早，可以早到6000年前，不过，最初玄武没有出现，它的前任有蛇，有龟，有鹿。这个鹿即是后世说的麒麟，当麒麟被玄武取代以后，它又被移作中央神，这样第五方神就出现了。麒麟当然应当是黄色，与先前的四神互为观照。这虽然跟五行家的学说有关联，可是中央土，后土，毕竟是人的立足之所，设计出一个护卫神，也是理所当然。

四神之外，见到第五方神——神鹿，黄色麒麟，大刘家当卢上的鹿，不就是这一方神灵吗？它真的被安置在中央位置，暂时还不可撼动。

回头再看看海昏侯墓发现的当卢五神，驭双龙的那个飞人，兴许就是东方神的化身，《山海经·海外东经》说："东方句芒，

图 112　错金神兽纹青铜当卢　　　　　图 113　错金银神兽纹青铜当卢

鸟身人面,乘两龙。"句芒,是他吧?

五神,是特定时代的创意,这个创意并没有太久的影响,东汉时代的艺术品出现的是一统的四神图像,玄武也牢牢地立定在北方,奔鹿没有回归原位,在中央位置也很难见到它的身影了。

四方,五方,其实还有第六方,六合之谓。第六方即是上天,那是什么样的神?

六神无主,道家有六神之说,有六神之象。考古有无影踪,看看新发现再说。

当卢见新神

今天在一则露布中,披露了海昏侯墓出土的另一件铜当卢。这件当卢不仅有新神现身,还印证了前揭当卢涉及的推论,非常难得。

比较两件当卢,有异曲同工之美,外形与工艺、纹样风格与题材相同,应当是出自同一工匠之手。不过,纹样取材也有些微区别,同是表现的四神,四神却并不全同。

两件当卢纹样重要的不同在于:

1. 新见当卢出现了日、月图形,并描绘出了日、月神。上面左为月,月中见奔跑的兔子和跳跃的蟾蜍。右为日,日中有展翅飞翔的阳鸟。

2. 前件当卢的四神图为龙、虎、雀、龟,再加上鹿,合成五神。新见当卢的四神图为龙、虎、雀、鱼,不见了龟、鹿,加上日、月神,合成六神。

新当卢见到的日、月神图像比较好理解,这是汉画中见惯了

图114　错金神兽纹青铜当卢（局部一）　　　图115　错金神兽纹青铜当卢（局部二）

的图像。最引人注意的是鱼的出现，它可能会使许多观者百思不解，鱼也曾是四神体系中的一员吗？

鱼，还真的曾经是四神之一。讨论前件当卢时，已经提及鱼是更早的北方神标志，笔者还援引河南永城芒砀山梁孝王王后墓大型壁画《四神图》作证，认定四神为腾龙、朱雀、白虎和鱼。

北方神有多面性，鱼确曾扮演过这个角色。过去在讨论汉画四神之车时，提到在龙车、虎车、鸟车之外，也见到鱼车，那就是北方神的宝车。

海昏侯墓当卢的出现，又为我们认知古代的四神体系开了半个窗。感觉还会有更多的当卢，还会有更多的故事，我们依然还要等待新发现带来的新消息。

三神与四神玉韘佩

刘贺墓和刘充国墓出土多件玉韘佩,非常精致。

根据相关信息判断,刘贺墓出土玉韘佩至少有三件,其中在首都博物馆公开展出过两件。刘充国墓出土一件,有现场照片披露形制。

首都博物馆展出的两件海昏侯墓出土的韘形佩一件青白玉,一件青玉,玉质纯净,采用镂雕技艺雕刻出龙、凤和螭虎纹,工艺精湛。其中青白玉韘形佩中穿一圆孔,中心造型如扳指之形,常被形容为鸡心形,上尖下弧,阴刻云气纹,所以也称为鸡心佩。这件韘形佩左侧镂刻龙纹,右侧为螭虎纹,顶端为凤纹。螭虎头下尾上做回首状,龙身头上尾下做张嘴状,凤首高冠与龙做嬉戏状,构图非常严谨。

青玉韘形佩外廓略近圆形,中心仍是上尖下弧的扳指造型。也是采用透雕技法装饰左龙右螭上凤纹饰,稍有不同的是龙首和螭首均朝上方伸展,分列凤纹两侧。这一件雕刻更加精致,是少见的同类器。

这两件韘形佩均为双面透雕,正背观看效果相同,没有确定的正反之分。

有研究认为,汉代韘形佩一般镂雕双龙、龙凤、龙螭于一器,但将龙、凤、螭三者合雕于一器的例子非常少见,并由此判断,这"反映出海昏侯特殊的身份"。其实这还不仅仅是身份问题,还是一个信仰问题。

再看刘充国墓新见的那件玉韘佩,材质为上好的白玉,它的造型有了明显不同。整器呈条状,中心的扳指形也因为拉长而有较大变形。左右的纹样如卷云之形,隐约还能看出龙虎轮

图 116　龙凤纹鞣形玉佩

图 117　龙纹鞣形玉佩

图118 龙凤纹韘形玉佩
（刘充国墓出土）

廓，但已经没有了明确的头眼。而且因一侧可能有残损，左右显得不太对称。当然，这件玉韘佩还有一个少见的亮点，就是在它中间的上端阳刻有一个兽面，特别表现了双眼，这个兽面的出现非常重要。

玉韘，是玉器研究者的一个恒常话题，很多人对由韘到玉韘佩的演变进行过研究。一般的认识是，韘形佩的形态来自于韘，两类功能各异的玉器在战国时期有过同时并存，一种是射箭专用的扳指，一种纯作佩玉使用。

东周时代韘器的形制有了改变，同时也出现了以韘器为雏形的韘形佩。原来具有射箭实用功能的韘，分化出佩戴装饰功能的韘形佩。汉初开始韘形佩比较流行，没有了韘的扣弦功用，变成一种新的玉佩。

两汉时的韘形玉佩纹饰丰富，中间穿孔由大向小变化，透雕技巧的采用将韘形玉佩的制作推向高峰。一般研究者注意到雕成龙凤纹韘形佩，只是将龙凤作为一类吉祥动物形象看待。

西汉晚期的韘形佩，器身渐变为狭长形，穿孔较小，龙凤类纹饰更具写意风格。刘充国墓出土的玉韘形佩正属此类，时代特征非常明显。刘贺的韘形佩则具有更早时代的风格，说明它们可能是稍早年代的制品。

由实用的扳指演变到佩饰，扳指变成了鸡心佩，我们的重点并不是探讨器形的演变，而是关注它的装饰纹样。

汉代韘形佩常常装饰的是龙、凤再加螭的纹样，这个螭即螭虎，也即是说龙、凤、虎三种神兽纹样。说到这三兽，我们当然会很自然地想到四神，汉时惯常见到的四神组合，为何这样变为三神了呢？

也许这是四神的一种减省表现手法，省去了玄武形。汉时韘形佩最初见到较多的是龙凤共饰，后来增加螭虎，四神共器的并不多见。江苏宝应戴墩西汉墓出土一件韘形玉佩，青白材质，体下方浮雕飞翅螭虎，左右分别镂雕龙与凤，龙凤之间有一蛇形纹，应当是与中间的心形一起表示的玄武，为一件四神玉韘形佩。这是我们判定三神佩为四神佩的一个重要参照，刘贺的韘形佩其实就是四神佩。

湖南安乡刘弘墓出土一件韘形佩，白玉材质，条形，主体鸡心形，上尖部位雕刻一对兽眼，周边镂雕龙、凤、螭，另有一动物形体特征不明显，也可能象征蛇形，与中间的变形鸡心合构成玄武，也是一件四神佩。特别引人注意的是，中间的心形是带有双眼的，应当是作为龟体的象征。

这两例发现表明，中间的心形应当是象征龟形的，在龟首位置有时会雕刻出象征性的双眼，一般并不明确表现，这样一来，有具象的四神也就常常只见到三神了，但对于当时人而言，应当对中间的心形会有共同认知的，一定会将整体看作是一件四神玉佩。

身佩四神玉佩，尤其是四神玉韘形佩，有四神护体，也是一件平安符。刘贺墓中随葬了多件这样的护身符，可见，他是非常看重这四神玉韘形佩的。我们也可以由此揣度他的心并不那么平静，总有担心在胸中，他将安危系在四神玉韘形佩上，那可是不可须臾离身的护身符。

附： **玉中三玦之玉韘**

玦之为玦，最初是作为一种带缺口的耳饰出现的玉器。玦，还一度作为带扣的名称使用。玦又作为扳指之名，扳指之玦，是射箭用的钩弦之器，它还有个名字叫"韘"。玉中三玦，玦是三种不同用途的古器曾共享过的名称。

据考古发现证实，韘初见于商代，在春秋、战国比较流行。扳指的形制，出现过很多种样式。最为主要的是坡形扳指和筒形扳指。坡形扳指出现较早，最初还刻有弦槽，传统汉式扳指侧视为梯形，而蒙古族和满族的扳指一般为圆柱体。

迄今所知最早的玉扳指，出土于商代晚期的殷墟妇好墓中。扳指雕刻精致，横向有一条浅槽，是长期钩弦的使用痕迹。妇好本人就是可以带兵征战的统帅，扳指的使用痕迹说明这是她使用过的物件。

台湾淡江大学黄建淳先生有《玉韘的演变》一文，将扳指专称为韘，而作为佩则称为韘形佩。对于韘的发现及向韘形佩的演变，他有仔细的考证，也将韘的出现追溯到商代晚期。妇好墓出土韘器为筒状，下部平整，上端呈斜面式，中空，可套入拇指。正面雕琢兽面纹，巨角如牛，双耳后贴，方眼，无鼻，双眼下各钻一孔用以穿绳，背面有凹槽可纳弓弦。这表明早在武丁时代就已用韘器射箭，这是考古发现年代最早的一件韘形器。

西周时期的玉韘，有一件在陕西省扶风县北吕村 25 号西周墓出土，形制与商代的明显不同，从高筒状演变成低矮的舌状。钻有大指孔，套入食指而非拇指。底部平齐，上端呈前高后低的斜面，上端器缘钻有四小孔以穿绳系于手腕。这样的形制，趋近于春秋时期的韘器。东周春秋时期的玉韘与西周晚期的玉器较难区别，中晚期后有了明显变化。河南辉县琉璃阁墓曾出土一件春秋中期韘器，山西太原市赵卿墓则出土两件春秋晚期的韘器。

战国时期玉韘发现较多，出土不少形态各异的韘器。如湖北随州市擂鼓墩曾侯乙墓，出土一件战国早期的韘形器。河南洛阳中州路墓 M9042、M2403、M2415 各出土一件也属于早期的骨韘。河北平山县中山国 3 号墓出土一件早期的玉韘。出土位置皆在人骨骸的手部，可见韘器是墓主生前射箭的实用品。江浙地区也出土过战国玉韘，形制与北方同期发现相似。

韘形佩的形态来自韘器，两类功能各异的玉器同时并存，表明战国时期韘器与韘形佩互见共存。江苏无锡鸿山越国贵族墓出土韘器的正反两面，布满了饱满的谷纹及浮雕的几何式花纹。用以钩弦的柄状凸翼及反面局部，阴刻纤细缠绵的云纹。此类纹饰多盛行于战国中晚期，造型与河北平山县中山国 3 号墓的韘器基本类同。汉初开始流行韘形佩，已经完全没有了扣弦的功用。

黄建淳指出，从商代晚期具有原始形制的韘器，发展至东周时代，韘器的形制明显不同，同时也出现了以韘器为雏形的韘形佩。这说明原具射箭实用功能的韘器，在战国晚期已趋式微，与此同时也分化出佩戴装饰功能的韘形佩。

西汉早期不见韘器，只见更为美化的韘形佩。到东汉晚期，韘形佩上尖下圆的形式，日趋隐约模糊。到魏晋南北朝之后，韘形佩的形制已消失殆尽，取而代之的是其他装饰功能的玉佩。晚至清中期再见韘形佩，却是乾隆仿古之作。

清人入关前，射箭作为重要的个人技能很受重视，扳指在八旗子弟中几乎人手一枚。入关以后，扳指成为一种时髦的玩物，也成为身份和地位的象征。清代玉扳指在考古中也有一些发现，扳指一般为圆筒形体，外部常有繁简不一的装饰，更讲究的是玉质，有一些为翡翠质，做工都非常精致。

有研究认为，中国传统扣弦开弓法不同于欧洲那种以食指和中指拉弦的方式，是以戴韘即扳指的拇指拉开弓弦。包括后来的蒙古族、满族，也都是这种开弓法，扳指戴在右手大拇指上扣住弓弦。

称扳指为韘，由来有自。称类同的玉佩为韘形佩，却是现代学人给出的名称。

古代，开弓时套在右手拇指上，起保护手指作用的一种钩弦辅助用具称"决"，也称"韘"。童子力能开弓时就佩韘，因此佩韘是儿童长大成人、已具备某种能力的标志。韘通常用硬木、象骨等材料制作，贵者用玉。用于钩弦的韘，以玉、象骨、皮革为之，湖北包山楚墓2号墓出土一件骨韘，内衬有皮垫。王夫之《诗经稗疏》引《说文》说，"决之内加韦以护右巨指，不使弦契指而痛"，此之谓也。

韘，按《唐韵》《集韵》《韵会》《正韵》所言，"失涉切，音摄"。《说文》说，韘为"射决也，所以拘弦。以象骨、韦系着右巨指"。韘，说是射箭用的"决"，这是扳指的又一名称。

操弓是成人之技，童子成年佩韘以为象征，如《诗·卫风·芄兰》童子佩韘。汉郑玄笺言"韘之言沓，所以驱沓手指"。驱沓手指，即是套入手指。《集韵》或作"弽"，弽是韘的另一写法。汉毛亨《传》释"韘,玦也,能射御则带韘"。说韘即玦,表明汉代一般人可能不知韘之名实,但却明白玦的含义,知道作扳指用的对象叫作"玦",这与《说文》的"决"应当是一回事。

《诗·小雅·车攻》中又见"决拾既佽,弓矢既调"一句,毛亨《传》云"决,钩弦也;拾,遂也",先秦文献中"决拾"通"玦拾",这里的"决"或"玦"就是操弓钩弦用的韘,即扳指。

又如《孔丛子·答问》说:"一人善射,百夫决拾。"还有《国语·吴语》说"一夫人善射,百夫决拾,胜未可成也"。韦昭注云:"决,勾弦。拾,捍。言申胥、华登善用兵众必化之,犹一人善射,而百夫竞着抉拾而效之。"这里将决拾写成了抉拾。又见《周礼·夏官·缮人》云:"缮人,掌王之用弓弩、矢箙、矰弋、抉拾。"注者解说抉拾,"谓挟矢时所以持弦饰也,着右手巨指",扳指要戴在右手的大拇指上,显然是左手持弓,右手拉弦,与《说文》所说一致。这里的决,也是抉和玦。扳指用于护手指,戴在勾弦的手指以扣弓弦。

研究认为,北宋时对韘已很陌生,沈括对《诗经》所谓"佩韘"之韘,已是不大明了了,猜测形状与芄兰之叶类似,说是"所谓'佩韘'者,疑古人为韘之制,亦当与芄兰之叶相似,但今不复见耳"。让人奇怪的是,韘形佩在明清文献如高濂《遵生八笺》中称螭玦,有单螭玦、双螭玦甚至九螭玦者。这些螭玦有一些被认为是汉物,有的应是当时的仿品。这玦之名,未必明清人较之宋代人还要明白一些吗?

末了,我们还要提到一个"夬"字,《集韵》说是"古穴切,音玦。所以闿弦者"。闿,《说文》说"开也",闿弦就是开弦。玉质的夬,写作玦,这是最有理由的。所以将扳指称为玦,理由也是很充分的。

且说《衣镜铭》里那只鹤

古代四方四神,我们知道是"前朱雀后玄武,左青龙右白虎"。这一四神体系可以追溯到汉代或汉以前,但这却不是最早的也不是唯一的四神体系。

我们在出土文物上,常常可见到四神图像,四神在古代是普遍的信仰。我们在古代文献中,也经常读到四神的故事,得知四神的不凡来历。古今许多学者都研究过四神信仰,揭示过不同时代的四神体系,让我们知道四神角色发生的变动。

四神确实存在不同时代的版本,甚至在同一个时代也出现过不同版本,在此我们将揭示出又一个前所不知的四神版本。

四神系统的版本变化,一般只是体现在北方神上,以北方神为基准,可以区分出若干版本,有鹿版、鱼版、蛇版和龟版,也有玄武版。玄武出现后,四神体系基本定型,不过也有短暂的改变,如一度用玄鹤取代玄武,构成玄鹤版体系。玄鹤版体系存在于西汉后期,虽然不见于文献记述,但考古中却发现了一些证迹。

我们提及四神,不必多想,一般认为是指龙、虎、鸟和龟四神,加入五行色彩,便称为苍龙、白虎、朱雀和玄武。这被视为四神的定式,或者说是主流体系。

四神中的朱雀,这个雀自然是不可太认真的,尤其不可以用现代认知的雀去理解它。这个雀是鸟,而且应当是大鸟,不是小雀。具体说究竟是什么鸟,也是不可太较真儿的,神鸟,无须与任何生物的鸟去对应。朱雀在汉代也有直接指称凤凰的时候,这样一说,那就真的不是任何一种凡鸟可以比附的了。

新近发现的南昌海昏侯墓,出土有一面偌大的铜方镜,虽然起初被认作是屏风,但实验室清理中发现它附有漆文《衣镜铭》,证实这所谓的屏风其实是衣镜。让人觉得意外的是,衣镜边框漆绘着四神,有青龙、白虎和朱雀,另一图模糊不清,按理应当是玄武。

我们注意到,《衣镜铭》也提到了四神,为"右白虎兮左仓龙,下有玄鹤兮上凤凰"。将通常说的朱雀,直接写成了凤凰。更让人惊奇的是,玄武变成了玄鹤,这个变化过去我们并不了解。很显然,玄鹤取代了玄武,画面中那个不明确的神,也许就是玄鹤。

当然,这个不明确的画面,也许与四神无关。因为那缺失的玄鹤,其实就绘在《衣镜铭》下面,这与"下有玄鹤兮上凤凰"的漆文正相吻合。

这样,我们就又获得了一个四神新版本,就是玄鹤版。这个发现来得比较突然,不明白它是海昏侯刘贺个人的改变,还是那个时代就认同这样的改变,更不明白为何会有这样的改变。普遍认同的玄武就这样换成了玄鹤,它的意义何在呢?

玄鹤,一般理解为黑鹤,在西汉之前的文献中就出现了。《韩非子·十过》说:师旷鼓琴时,"有玄鹤二八,道南方来,集于郎门之垝"。

当然,文献中玄鹤的出现并不多,我们很难知晓它如何成了四神中的一神。可以推想在汉晋时代,玄鹤已具神仙之气,如晋崔豹《古今注·鸟兽》说:"鹤千岁则变苍,又二千岁变黑,所谓玄鹤也。古谓之仙禽,亦名露禽,或又谓之阴羽。"阴羽与阳羽相对,阳羽就是阳鸟,阴羽是阴鸟,一阳一阴。凤为阳,鹤为阴,在四神中是相配的角色。

又见干宝在《搜神记》中记有一则寓言故事,叫作"玄鹤衔珠"。"哙参,养母至孝。曾有玄鹤,为弋人所射,穷而归参。

参收养，疗治其疮，愈而放之。后鹤夜到门外，参执烛视之，见鹤雌雄双至，各衔明珠，以报参焉。"说的是因果报应，玄鹤有情。

当然，也能见到龟鹤相提并论的例证，都是比喻长寿。如晋葛洪《抱朴子·对俗》说："知龟鹤之遐寿，故效其道引以增年。"又《文选·郭璞〈游仙诗〉》说："借问蜉蝣辈，宁知龟鹤年？"李善注引《养生要论》曰："龟鹤寿有千百之数，性寿之物也。"

汉晋人对长寿的期待，都是用龟鹤来比附的。出土的汉代瓦当上，就见到一些仙鹤延年的图文，古人对长寿的追求，从此与鹤相关联。

龟鹤均为长寿之物，古人视为神灵，所以在四神系统中，才会出现以玄鹤取代玄武的事。这样的取代，只是海昏侯墓一个孤证吗？

其实，四神体系中以玄鹤取代玄武，还有其他例证存在。在汉四神铜镜中，见有龙、虎配二凤的图像，这二凤即朱雀与玄鹤。

在汉代陶器中的一些彩绘陶上，也见到类似例证。往年在洛阳北郊一座西汉砖石墓中发掘出土"四神彩绘陶壶"，四神中就没有见到玄武。陶壶圆腹墨绘"四神"，一面为头向一致的朱雀和青龙，另一面是相向的白虎和"朱雀"。其实这俩"朱雀"一为朱雀，另一当为玄鹤，都绘作凤形。

这类西汉后期的四神壶，在洛阳还发现一些，国家博物馆也收藏有一件。此壶一直被称作四神壶，虽然没有解释它为何与以往所见不同。大约是存有怀疑，由于画面上不见玄武，觉得称四神并不恰当，所以现在就改称为"彩绘青龙白虎朱雀纹陶壶"了。

其实类似的西汉四神壶，在故宫博物院也收藏有一件，称为

"凸雕龙凤纹彩绘陶壶"。通体彩绘，腹部"为凸雕龙、虎、凤相互追逐于流云之间，色彩绚丽，线条流畅婉转，画面生动活泼"。这件壶上的画面也是龙虎加两凤，一龙一虎，和朱雀、玄鹤，仍然是一件四神壶。

又想起新疆尼雅出土的"五星出东方织锦"，织锦以宝蓝、绛红、草绿、明黄和白色等五组色经织出星纹、云纹、孔雀、仙鹤、辟邪和虎纹。其中的孔雀，绘有凤冠，是凤鸟。辟邪如视为飞龙，这些神兽神鸟，就是四神，而且是含有玄鹤的四神。

由此，又让人想到汉代玉器上往往见到龙虎凤组合的构图，意义不明。看作四神觉得牵强，省略了玄武，难道是一凤担朱雀与玄鹤两职？存疑。

汉代人有饱满的追求仙道的热情，长寿成仙是终极梦想，将长寿理念融入四神，让玄鹤进入四神组合，也是可以理解的。由此看来，刘贺《衣镜铭》上出现的玄鹤，一定不是他个人意志的体现，那一时代，玄鹤是有一定认可度的四神之一。

后　记

把话与刘贺

> 穿过了
> 两千年岁月
> 看罢了
> 烂漫黄花
> 应了废帝的召唤
> 去探访一个旧梦
> 风兮雨兮
> 退兮进兮
> 魂兮魄兮
> 归去来兮

沉睡了 2000 多年的汉废帝，南藩海昏侯，刘贺，突然被惊动了。

说过了许多遍的南藩海昏侯，其实似乎都与你无关。那一天我就真的站到了你的面前，一切都由文字变为图景，由虚幻变为真实，这一切又怎么会与你无关？

把话与你刘贺，与你这南藩海昏侯面对面，古与今的距离感

图 119　空空的墓室

图 120　刘贺内棺

在这一刻完全消失。许多的疑惑，好像在这一刻也都消失殆尽，已经显得不再重要。

对于你刘贺而言，那是一段刻骨铭心的记忆。对于大历史来说，那是一段剪不断理还乱的篇章。

如果不是因为发现你长眠的墓穴，其实你经历的那段历史，会越来越让史家们感到无足轻重。

是的，你年少丧父，被历史描述为无人管教不受约束的浪荡子，驰马游猎，不谙世事。

想起有人曾为拥立你的父亲而丢掉了性命，也许你并未曾有过登基的梦想，可是那皇位来也匆匆，去也匆匆，运命如戏份，是那样地不可捉摸。

我一直相信，那27天里你被谴责做出的1000多件事，一定不是霍光说的全是坏事，更多的也许是主政者们不能接受的事，这些事中或许表露有你的雄心，但是它却刺痛了忍受不了的人。

27天的帝王生涯，也许你想到了要成就大业，因为你是一个帝王，其实也不能如你所愿，为所欲为。你也许已经有了一个大谋划，首矢之的，便是霍光……

如你一般由天堂跌落下来的感觉，并没有几人体味过。一颗心由飞扬天上到封堵尘世，这样的变故又如何能承受下来？

27天的风光，说来就来，说去就去，不悦，不解，不甘！那又如何，人世如此，皇上又怎样？可以让你高高在上、风光无限，也可以让你低三下四、灰头土脸，皇上也不过人家手中的一颗棋子，也要受人摆布。

你的世界从北方到南方，欲言不可语，欲行不得动，又添了多少痛楚须得忍耐，疾患找上身来，你的早逝也就不能避免了。

在你新制的那方衣镜前，你朝夕慨叹日渐消瘦的容颜，你每日叨念圣哲们的警句，用行舍藏，你幻想着历史还会重来一遭。

当霍贼病亡，你又燃起希冀，准备了酎金，写好了奏章，再次梦返朝中。然而一切都只停留在梦中，最终这个梦埋葬到了你的墓穴中。

你的名字，在历史上也没有写入帝王之列，你连自己的年号也未及定妥，你是一个废帝。史家给你的评价，也都是暗黑无光，如同你这海昏国海昏侯的名号一样。

看到你用过的器具，读到你琢磨过的文字，对那一段历史似乎有了更多的理解。你留下的不只是一个由荣到衰的悲欢故事，还有深藏不露的起伏心绪。

一切都已经成为历史，历史又渐为迷雾笼罩。海昏侯，你这位废帝，埋藏在墓穴中你内心的历史真相，也许就这样可以由考古给层层揭示出来。